순교자 이순이 루갈다의
삶과 그 영성

쌍백합의 동정부부 / 이순이 루갈다 (1781생 1802참수)

순교자 이순이 루갈다의
삶과 그 영성

김옥희 수녀 지음

……모녀 상리 4년에 이 지경이 되어 4년 회포를 펴지 못하오니 망극한 정이야 오죽하오릿마는
도시 명이라 우리를 주심도 명이오, 앗으심도 명이니 관념하는 것이 도리어 웃으운 일이오니이다.
만 번 복망복망하옵나니 관회억제하소서. 영세에 모녀지정을 다시 이어 온전케 하오소서

KSI 한국학술정보㈜

들어가는 말

　이순이 루갈다의 생애는 3가지 특징이 있으니 첫째는 순교자요 둘째는 4년간 남편 유요한과의 동정부부 생활을 했으며, 셋째는 그녀의 옥중편지에서 확언한 대로 4년간 시집살이에서 백여 명의 대가족과 살면서 한 번도 가족들의 마음을 상하게 해 준 적이 없다고 말한 것이다.

　이러한 그녀의 삶은 한국교회사 안에서뿐만 아니라 세계 교회사에서도 그 유례를 찾아볼 수가 없는 사례이다. 그리하여 필자는 다시 그녀의 옥중서간에 나타난 순교정신과 하느님의 사랑을 위한 결혼을 했으면서 영육의 격조 높은 순결을 지킴과 부모에게 대한 효심(孝心)과 형제자매에 대한 우애의 실천과 믿음의 덕행 등을 조명해야 하겠다는 마음을 먹었다.

　이 책은 필자가 1982년도에 발표했던 「이순이 루갈다의 옥중서간과 그 史的 意義」의 논문과 순교자 김종륜(루카, 1868년 무진년에 울산 장대에서 순교함)의 수택본인 이순이 루갈다의 옥중서간 <초남이 일지>인 가장 오래된 원문과 그 번역문을 함께 편집하여 누구나 읽기 쉽게 한 권의 책으로 편집하였다.

　그리하여 오늘날 엄청난 외형적인 것에 휘말리려는 우리들의 문화

(文化)와 특히 우리나라 여심(女心)에 한 등대 불빛을 비추어 보고 싶다는 마음에서 이 책을 편집 출판하였다.

이 책자를 편집 출판하는 데 도움을 주신 한국학술정보(주)에 심심한 감사의 마음을 표하고 싶다.

2007년 6월

무아수원(無我修院)에서 김옥희(안나) 수녀

목 차

제3장 옥중편지 원문의 영인본 // 101

제 1 장
「옥중서간」의 교회여성사적 의의

이순이 루갈다는 부친 이윤하와 모친 권씨 사이의 5남매 중 셋째
로 태어났다. 그의 부친 이윤하는 지봉 이수광(芝峯 李睟光)의 후손
(後孫, 8대 후손)이며 권일신의 매부이다.2)

1) 李 루갈다의 이름에 대하여 學者들 간에 異說이 많다. 故朱在用神父는
벽위편의 記事인 六喜(觀儉妻姓李), 順伊(恒儉子婦姓李)에서 六喜와 順
伊의 名記가 바뀌었다고 주장하면서 루갈다의 오빠인 景陶의 兒名이 '五
喜'라(『懲義』 p.164, 正法罪人秩, 景陶供草) 하였기 때문에 그의 동생인
루갈다는 六喜이며, 혹은 뉴희(달레의 NIOU-HEI)라 한다고 주장한다.
또한 중국 발음으로 '六'字가 'Liu, Liou'일 뿐 아니라 우리나라 말에도
'뉴월' 즉 '오뉴월'이란 발음이 있기에 달레의 'NIOU'가 六喜가 확실하
다고 주장하고 있는 반면(朱在用 『韓國 가톨릭史의 擁衛』 p.150, 1970,
C.C.K. 발행, 참조), 柳洪烈先生은 달레의 'HIOU-HEI'를 바로 '柳姬'로
했는데 그것은 "출가한 여성이 남편의 家姓을 따라야 하는 西洋의 習俗
대로 柳(NIOU)氏 집의 女子(姬)라는 뜻에서 지어진 이름인 것 같다"고
하였다. 한편, 崔奭祐神父는 國語學에서 「六書」가 '유희'로 音의 변화를
가져오기는 어렵다고 하여 '유희'를 漢文史料로 立證할 수 있는 기록은
아직 없고 李 루갈다가 '順李'로 불렸음이 확실할 뿐이며, 「矣妹順伊,
又爲恒儉之子婦」(『邪學懲義』 p.166, 正法罪人帙, 景陶供草)라고 主張하
고 있다. 그러므로 本論에서도 『闢衛編』, 『邪學懲義』 등의 기록대로 李
(順伊) 루갈다로 表記한다.
2) 李晩, 『闢衛編』, 第2卷, 乙巳秋曹摘發條, 「李潤夏 芝峯不肖孫而日身之妹
夫」.

이윤하가 어떤 경위로 천주교에 입교하게 되었는지, 혹은 그의 영세 경위가 어떠했는지는 불확실하나, 그는 일찍부터 남인신진(南人新進) 소장파(少壯派)의 일원으로 서학운동에 관계했던 것이며 그것은 천진암 주어사의 강학회의 일원으로서 가장 먼저 그의 이름이 나오고 있는 것으로도 짐작할 수 있다.[3] 즉, 정다산의 선중씨(先仲氏, 丁若銓)의 묘지명(墓誌名)에 언급된 내용으로 성호문하(星湖門下)인 이윤하, 이승훈, 김원성 등은 정위석교(定爲石交)하고 이익(李翼)의 학을 승수(承受)하기 위해 녹암 권철신(鹿菴權哲身)을 중심으로 강학회를 개최하였던 것이다.

한편 이윤하의 서학 활동은 대단히 지속적이어서 남인 소장파 학자들이 서학의 학문연구에서 신앙실천 운동에 참예했던 명례동(明禮洞) 김범우(金範禹) 집에서의 집회에서도 그의 활약상이 나타나고 있음을 볼 수 있다.[4]

을사추조적발사건(乙巳秋曹摘發事件)으로 드러났던 이윤하의 활동은 이승훈이 북경에서 돌아와서 동지들에게 세례를 베풀고, 한편 이벽을 중심으로 교단을 조직하여 집회를 열었던 데서 보인다. 즉 을사년(乙巳年) 봄에는 중인 김범우(金範禹, 토마스) 집에서 본격적인 '설법교회(說法敎誨)'를 했는데 그곳에 모인 인사들은 이승훈, 이윤하, 정씨 삼 형제와 권일신 부자들과 사대부, 중인 등으로 모이는 자 수십 명과 더불어 주일행사를 거행하는 데 그가 적극적으로 참여하였던 것이다. 그러나 정조 8년(1785) 봄에 이와 같은 행사가 추조관헌(秋曹官憲)[5]에게 발각되어 그들이 가지고 있었던 여러 가지 성물과 서책을 압수당하고 집주인인 중인 김범우가 체포되자 이때 이

---

3) 丁若鏞, 先仲氏墓誌銘, 『與猶堂全書』 Ⅰ, 詩文集.
4) 拙稿, 「西學의 受容과 그 意識構造」, 1973, 韓國史論 Ⅰ.
5) 柳洪烈, 「李睟光의 生涯와 그 後孫들의 天主敎信奉」, 歷史敎育 第13輯, 1970, p.45.

윤하는 권일신 부자와 이총억(李寵億), 정섭(鄭涉) 등과 더불어 형조
로 달려가 압수된 성물들을 찾아오게 되었다. 이상과 같은 한국 초
기교회 창립의 중요한 역할에 적극적으로 참예했던 이윤하의 활동은
동지들의 권유에서보다는 차라리 '가족전습'에서부터 내려왔던 자발
적인 참예가 아니었나를 생각하게 하는 것이다.[6] 그것은 이지봉 선
생의 후손인 그의 집에 가보로 전해 내려왔던 『천주실의』를 비롯한
천주교 관계의 서책이 보관되어 있었는데 그것을 이윤하 자신뿐만
아니라 그의 자녀에게도 전습시켰다는 데서 알 수 있다. 이 사실은
이 루갈다의 오라버니인 이경도(李景陶)의 문초 기록에 나타나 있는
데, 즉 자신이 신봉하는 천주교는 집안에서 대대로 전습되어 신봉된
것이고, 집에는 천주교에 관한 서적이 있어서 어렸을 때부터 배워
익혔다는 기록이 나오고 있다(景陶 李潤夏之子 兒名 五喜, 矣家傳
受之術 而家有邪書 自幼看習). 이와 같은 내용에서 보면 조선왕자
계(朝鮮王子系)인 이윤하와 그 가족들은 조상인 지봉 선생에게서 물
려받은 사상을 가슴으로 삼아 자연스럽게 천주교를 알게 되었고, 이
때문에 다른 동지보다 오히려 앞서서 서학 운동과 그 선교에 전력으
로 투신했음을 알 수 있다. 그러면 이와 같은 정신적 유산을 후손에
게 물려준 이지봉 선생[7]의 서학인식에 대하여 잠깐 살펴보기로 하
겠다.

지봉 선생은 우리들이 다 아는 바와 같이 생존 시에 『지봉유설(芝峯
類說)』20권을 저술하여 그 속에서 처음으로 서양제국에 관한 사정을
소개한 분으로 당시의 새로운 학풍이었던 실학 운동의 창시자였다.[8]

---

6) 『闢衛編』, 下卷 5, 辛酉治邪諸賊結案條.
7) 李晬光(芝峯)은 太宗의 第一子였던 敬憲郡의 6代孫이다. 그런데 李潤夏
　 가 芝峯의 8代 後孫이므로 李 루갈다는 王孫女가 된다.
8) 芝峯은 西學認識뿐만 아니라 그 당시에 海外認識에 관한 전반적인 상
　 식이 뛰어났던 것으로 보인다. 즉 그는 북경에 3차에 걸쳐 왕래함으로써

그의 자손들인 이윤하(8대손)와 그의 자제들도 이지봉 선생의 개화사상의 영향을 가풍에서 은연중 받은 것으로 생각된다. 즉 지봉 선생이 소개한 천주교에 관한 서적들이 그의 서거 후에 자손들에 의하여 대대로 보존되어 그 후손들에게 읽혔을 것을 감안한다면, 그의 후손인 이윤하 역시 그러한 가습에 대하여 무심할 수 없었음은 물론이다. 자연적인 귀결로 그가 당시 조선 사회의 성리학적인 질곡에서 탈출구를 찾았던 이벽, 이승훈을 중심으로 한 남인 신진소장파학자(新進少壯派學者)들과 기꺼이, 더 나아가 적극적으로 합세했을 것임은 추론의 여지가 없는 것이다. 이와 같은 가족 전습의 기반이 있음으로 해서 그의 부인이었던 권씨의 철저한 교육정신 아래서 자라난 장자 경도, 차자 경언(景彦), 딸 순이 루갈다 등 삼남매가 깊은 신앙생활을 하다가 순교하였을 뿐만 아니라 그 딸이 남긴 옥중서간은 한국 교회의 불멸의 유산이 되고 있는 것이다.

한편, 이윤하는 역시 최초의 수세자(受洗者)인 이승훈과도 가족적으로 연결이 되는데, 승훈은 윤하의 조카가 되며, 따라서 승훈은 성호 선생의 증손인 이가환의 생질이며, 이윤하는 성호의 사위인 이극성(李克誠, 11寸)에게 양자로 입적했기 때문에, 성호 선생의 딸을 양모로 모시게 되어 결국 이윤하는 이성호 선생을 외조부로 모시게 된 것이다.(후에 이윤하와 그의 자녀 삼 남매는 이극성의 양자관계를 사학죄인이라는 이유에서 별하게 되었고 이에 본부(本父)인 이익성(李益誠)의 아들로 돌아감)[9]

安南, 琉球, 暹羅使臣과의 接觸은 물론, 日本, 東南亞, 中央아세아 使臣과도 접촉하였고, 특히 歐羅巴와 西洋文明에 관한 海外認識이 풍부하였다.

9) 圖表 Ⅲ, 李晬光 後孫 系譜 참조.

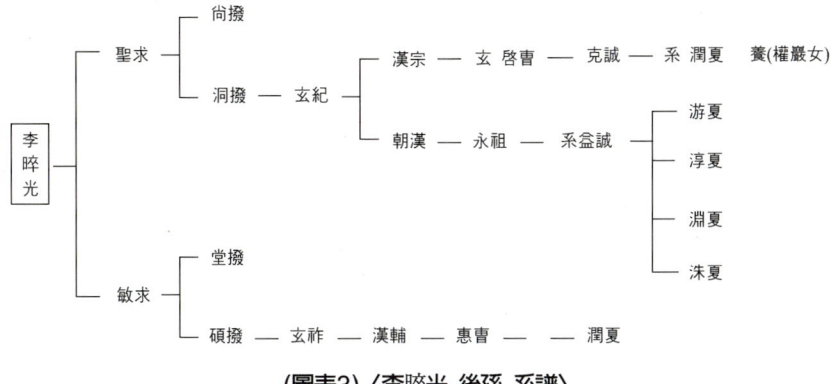

(圖表3) 〈李晬光 後孫 系譜〉

이상과 같은 경위로 하여 조선시대 실학의 창시자들이 이윤하를 통하여 족보적으로 연결된다. 한편 이윤하는 권암(權巖)의 딸이며, 권철신과 권일신의 누이를 아내로 맞이했다. 권암은 권근의 14대 후손이며 권철신과 일신의 부친이다. 『벽위편(闢衛編)』의 기사에서는 이윤하의 아내가 권암의 딸이며 권일신의 누이였음을 밝히고 있다. 그리하여 이윤하는 그 집에 전하여 내려오던 교리서 등을 읽게 되었을 것이고, 처남이던 권철신, 일신과 양모의 조카사위의 아들이던 이승훈 등과 더불어 한국 교회를 창설하게 되었던 것이다. 그 후 그의 자녀 다섯 남매가 천주교를 믿다가, 장남인 이경도 가롤로(李景陶, 아명 五喜)와 딸인 루갈다는 1801년에 일어난 신유박해로 말미암아 서울과 전주에서 각각 참수형을 받게 되었고, 차남인 이경언(李景彦) 바오로는 1827년에 정해박해(丁亥迫害)로 말미암아 체포되어 전주 감옥에서 악형으로 옥사하게 되었다.

달레 한국 천주교회사에서는 이 루갈다를 매우 중요한 인물로 부각시켜 다음과 같이 기록하고 있다. 즉 "이 루갈다는 국가에서 대단히 이름난 가문의 자녀로 서울에서 출생하였다. 그의 부친은 이윤하

라 이름하였고 모친은 권씨였으며 그녀는 Niou-Hei(유희)라는 이름
을 받았다. 그녀는 음력 신유년 12월 28일에 순교하였고, 이 가롤로
의 연하 누이였으며, 1827년의 박해에서 순교하여 그 형과 누님의
영광스런 뒤를 따르게 된 이 바오로의 누님이었다"고 하였다.[10]

이윤하의 큰아들인 이경도 가롤로는 어려서부터 열심히 천주교의
신앙생활을 하여 17세(1796)에 부친을 잃고도 어떠한 미신행위에도
참예하지 않았다. 그는 신앙을 보존하려는 마음에서 꼽추처럼 병신이
되었다고 하며 그의 아들로 '규필'이라는 어린애가 있었음을 기록에
서 알 수 있다.[11] 그리고 이 글에서는 이경도가 태조(太祖)의 12대
손자인 경영군비(敬寧君裶)의 14대 후손이었다 한다. 이윤하의 막내
아들, 즉 루갈다의 남동생 이경언 바오로는 그 형인 가롤로가 순교한
후에도 변함없이 신앙을 굳게 지키고 전교에 힘쓰다가 순조 27년
(1827)의 정해박해로 말미암아 전주에서 순교하게 되었다. 『순조실록
(純祖實錄)』과 달레의 『한국 교회사』에서는 이경언이 순조 27년 5월
2일에 전라도, 충청도의 여러 교우들과 더불어 국왕으로부터 정형집
행(正刑執行)의 윤허(允許)를 받았으나, 때마침 전주옥에 수감되어
있던 그는 정형인 참수형에 처하게 될 겨를이 없이 악형에서 얻은 상
처로 말미암아 그해 5월 5일에 36세의 나이로 옥사하게 되었다.

즉, 이윤하의 자녀는 5남매였고 그들 가운데에서 3명이 순교하게
되었음을 알 수 있는데, 그들은 곧 장자인 이경도 가롤로와 동생인
이경언 바오로와 딸인 이순이 루갈다였다.

다음으로 이 루갈다의 금욕주의적 생활과 그녀의 순교에 대한 경
위를 역시 달레의 『교회사』를 통하여 고찰해 보면, 이 루갈다는 왕

---

10) Ch. Dallet, Ibid., p.180. Tome I.
11) 일선에 의하면 그가 信仰을 지키기 위해 꼽추병신 노릇을 하는데, 사실
    여부는 알 수 없다.

손녀로 서울에서 태어나 이름은 Niou-Hei라 일컬었는데 그 아버지
는 어릴 때에 죽고, 신앙이 굳은 어머니의 품에서 자랐다. 그는 뜻
이 굳고 재주가 뛰어났으며 아름다운 얼굴을 가지고 있었다 한다.
어릴 적부터 어머니 권씨의 감화로 굳은 신앙심을 가졌던 그는 14
세(1795) 때에 주문모 신부가 서울에 들어오자 즐거워한 나머지 4일
동안이나 한 방안에서 성체 배령의 준비를 하고 이를 받들어 모셨
다. 처음으로 성체 배령의 즐거움을 가졌던 그는 이후 평생을 동정
으로 보냄으로써 하느님의 정배가 되기를 결심하였다. 그러나 그때
의 풍속은 이것을 허락하지 않았으므로 그는 남몰래 괴로움에 잠겼
다. 때마침 전주 지방에 살던 부자이며 양반 출신인 열심교우 유항
검 아오스딩의 큰아들 요한(宗善, 혹 宗哲)도 이 루갈다와 똑같은
결심을 하고 있다 함을 알고 주 신부의 알선으로 그에게 출가하기로
결정하였다.

  유항검 가문보다는 훨씬 높은 왕손가인 루갈다의 집안에서는 여러
친족들이 몹시 반대하였으나, 루갈다의 어머니가 지금과 같은 거의
어려운 처지의 과부 생활로서는 그렇게 함이 좋을 것이라고 말하여
마침내 가족들의 승낙을 얻어 1797년에 결혼식이 거행되었고 이듬
해 9월 루갈다는 시가로 가게 되었다. 루갈다와 유요한 사이에는 이
때부터 마치 성요셉과 성마리아와의 관계 같은 부부 생활이 4년 동
안 지속되었는데, 때로는 위험한 유혹에도 여러 번 빠질 뻔하였다
고[12] 기록하고 있다. 이 루갈다의 시집 생활에 대하여 달레 『한국
교회사』에서는 아래와 같이 말하고 있다.

  결혼 전이나 후나 루갈다는 천주교의 덕행을 닦는 데 전심하여
  시부모를 공경하고 그들에게 순종하며, 겸손하고 자비심이 있고 모

---

12) 李 루갈다의 『獄中書簡』 참조.

든 본분을 충분히 지켜 나갔다. 감탄할 만큼 온순하고 친절하여 그
는 그 많은 식구 아무와도 조그마한 불화도 결코 없었으며, 조선식
표현을 따른다면 루갈다는 자기의 존재(存在)와 착한 모범으로 자
기 집뿐 아니라 온 이웃에 향기를 풍겼다. 그의 남편 요한도 성실
하고 솔직한 신심과 굳은 신앙과 열렬한 애덕을 가지고 있었다. 본
분에 충실하고 올바른 생활을 하며 세속의 모든 허영을 업신여겨
젊은 나이에도 불구하고 점잖고 진중한 어른 대접을 받았다.[13]

라고 기록함으로써 이 루갈다와 유요한의 인물과 그들의 생활이나
덕행을 시사하고 있다.

다음은 이 루갈다의 시가에 대하여 언급하면, 이 루갈다의 시아버
지인 유항검 아오스딩은 약종의 외사촌이던 윤지충(尹持忠, 신해박
해대인 1791년에 순교함)의 이종으로서 전주 부근의 존암(Tson-am)
에서 부유한 생활을 하고 있었던 양반 계급의 선비였는데, 교회 창
설기부터 천주교를 믿고 가성직시절(假聖職時節)에는 전주지방의 포
교에 주력하였다. 한편 그는 조카인 유중태(柳重泰)와 더불어 4백
냥의 대금을 거출하여 연행밀사 김유산(金有山)의 여비를 대준 일까
지 있었고, 교회 창설기에 있어서 막중한 임무를 담당하였다. 특히
주문모 신부를 맞아들여 전주 지방에까지 왕래하게 하기도 하였다.
신유 대박해가 일어나자 그해 3월에 제일 먼저 전라도의 대표적 신
자들인 유항검 아오스딩과 그 동생인 유관검이 체포되었고,[14] 관검
이 당시 전라 감사(全羅監司)[15] 김달순(金達淳)의 유인과 고문으로
교회의 모든 사정과 다른 신자들을 고발하게 되어 사건이 확대되었
다. 그리하여 윤지헌(尹持憲), 김유산(金有山), 이우집(李宇集) 등 이

---

13) Ch. Dallet, Ibid., p.181, Tome Ⅰ.
14) 『邪學懲義』 pp.228-229, 移遷秩序 恒儉供草.
15) 上揭書, pp.11-130, 全羅監司 金達淳密啓 참조.

지방의 유력한 신자들이 거의 체포되었고, 이들은 유항검의 형제와 더불어 국가 안전에 대한 음모로 기소되었고 서울로 보내져 의금부의 판결을 받게 되었다. 그 결과 피고인들은 외국인과 내통하여 사교를 믿고 서양배(西洋輩)를 불러들일 음모를 꾸민 역적으로 판결되어, 9월 11일에 그들의 최후의 처형이 내려졌는데, 이상 5인은 다시 그들 출신도의 수부(首府) 전주(全州)로 압송되어 많은 백성을 경계하라는 뜻으로 백성들 앞에서 9월 17일(양력 10월 24일)에 참수(斬首─金有山, 李宇集)와, 능지처참(凌遲處斬─柳恒儉(46세), 觀儉(34), 尹持惠)의 형(刑)으로 최후를 마쳤던 것이다.[16]

　이상과 같은 이 루갈다 시댁의 참사와 시부의 죽음으로 그의 시댁 가족들도 당시의 국법(國法)대로 전부 체포되어 처형이 아니면 유배형을 받게 되었고 그들의 집과 모든 재산이 적몰(籍沒)되었다. 따라서 이 루갈다의 남편 유요한은 신유년 봄에 그의 부친과 함께 체포되었으나 유항검이 서울로 이송될 때 유요한은 서울에 이송되지 않고 전주옥에 8개월가량 수감되었다. 그의 부친이 처형되자 국법대로 그 아들을 교수하여 죽이라는 지령이 내렸고, 10월 6일 금부도사(禁府都事) 한 사람이 판결을 시행하기 위해 서울서 파견되었다. 그리하여 11월 14일(10월 9일)에 그의 동생인 같은 교명의 유문석(柳文碩, 요한)[17]과 함께 전주옥에서 교수형으로 처형되어 순교로써 끝까지 신앙을 지켰던 것이다.[18] 그 밖에 남은 이 루갈다의 시댁 가족들인 시조모, 시모, 갓 결혼했던 유항검의 딸과 9세, 6세, 3세인 아

16) ●『柳恒儉推案』觀儉條 참조.
　　●『自省錄』純祖, 辛酉 9月 24日條 참조.
　　●『邪學懲義』 p.5. 참조.
　　● Ch. Dallet, Ibid., pp.176−180 참조.
　　● 上同, PP.527−533.
17) 『懲義』 p.5, 참조. 그가 처형되었던 1801년에 18세였다.
18) 『李 루갈다 옥중서간』, 본문 참조. 『日省錄』, 辛酉 10月 6日.

들과 항검의 형의 아들 유중성 마태오와 마태오의 모친(과부), 관검
의 미망인 등이 역적의 가족에게 내리는 삼대 멸족인 당시의 국법대
로 체포되었는데, 이때 루갈다도 가족과 함께 체포되었다(9월 보름
쯤). 이 중에서 시조모와 유 마태오의 모친과 시집간 딸은 곧 풀려
났으나 집안이 모두 적몰 파산되었으므로 그 곁에 있는 오막살이에
들게 되었다. 결안(結案)에서 볼 때, 유항검의 처인 희(喜, 申喜)는
함경도(咸鏡道) 경원부(慶源府)의 비(婢)[19]가 되었고, 그의 아들 일
석(日碩, 6세)과 일문(日文, 3세)은 아직 형률(刑律)을 받기에 어렸기
때문에 교수형에서 면제되어, 일석은 전라도 나주목(羅州牧) 흑산도
(黑山島)의 종으로 보내고 일문은 강진현(康津縣) 신자도(薪智島)에
종으로 보냈으며, 항검의 9세 되는 딸 섬이는 경상도 거제부(巨濟
府)에 비녀가 되었다. 그리고 바로 유항검의 자부인 이순이 루갈다
는 평안도 벽동군(碧潼軍)의 비녀(婢女, 官婢)로 결안이 나고(이벽
동군의 관비로 되었다는 내용은 그녀의 옥중서간의 내용과 일치함으
로써 루갈다의 이름이 순이라는 것이 확실하게 된다) 항검의 조카
중성은 함경도 회령부에 삼천리유배(三千里流配)로 안치되었으며,
관검의 처 육희는 평안도(平安道) 위원군(渭原郡)의 비녀가 되었으
므로[20] 유항검의 가족과 가산은 풍비박산이 나게 되었던 것이다.

이 루갈다는 유항검의 자부로서 그의 남편 유중철(요한)이 교수당

---

19) 당시에는 역모사건에 가장이 연루되었을 때 그의 妻들은 대부분 遠方
   의 官婢로 보내졌다. 이것은 당시의 兩班家의 부녀들에게 최대의 모욕
   적인 형벌이 되었다.

20) 『懲義』 p.4, 辛酉 十月 初六日.
   "義禁府啓曰 卽接金州判官鄭持容牒報及成冊 則大逆不道罪人恒儉謀逆
   同□罪人觀儉等 應坐諸人查出以來矣 恒儉子重哲年二十三 子文碩年十
   八 今方捉因於本獄 卽爲繫遺府都事 與地方官眼同並. 依律文緣坐處絞
   妻喜咸鏡道 慶源爲婢 子曰碩年六 子曰文年三 俱以年未滿 依律文免絞
   日碩全羅道羅州牧黑山島 日文康律縣智島並爲奴 女暹伊年九慶尙道巨
   濟府爲婢 子婦順伊平安道碧潼郡爲婢 姪重誠咸鏡道寧府流三千里安置"

함과 동시에 벽동군 관비로 유배형을 받게 되자 혼인 생활에서 동정을 지킨 그녀로서는 이것이 죽음보다 견디기 어려운 모욕적인 형이었다. 그리하여 그녀는 관장에게 나아가 끝까지 항의하기를 멈추지 않았다. 아래 그녀 자신의 옥중서간(獄中書簡) 속에 나타난 그 당시의 정경을 보기로 하겠다.

> ……시월 십이일에 관비정속(官婢定屬)하여 벽동으로 원배(遠配)하니 본관에 들어가서 여차여차 하대 우리 등이 천주를 공경하나니 국률(國律)에 죽일지라, 각인들과 함께 천주를 위하여 죽겠노라 하니 바삐 쫓아 나가라 하기에 다시 더욱 들어앉아 관장을 여성(勵醒, 단단히 깨우침)하여 다시 하대, 국록(國祿)을 먹으면서 국령을 순종치 아니신다. 여러 가지로 말을 하대 들은 체도 아니 하고 끄어 내치기로 할 일 없이 길을 떠나 연로(沿路)에 행하여 구하는 바 더욱 간절하더니 백여 리를 겨우 나가 다시 잡히니 이는 더 극진하여 다시 더할 것 없는 총은이라. 어떻게 감사하여야 마당할꼬. 나 죽은 후라도 감사주은(感謝主恩) 하옵소서……[21]

라고 하고 있음을 보아, 그녀가 칼 밑에 순교하기를 얼마나 바랐는지, 관비 생활의 모욕적인 형이 그녀가 보존한 동정을 깨뜨릴까 얼마나 두려워했는지를 알 수 있다. 그리하여 결국 그녀는 그가 소원하는 바를 기적적으로 달성하게 되었던 것이다. 이와 같은 사실에서 어떻게 이 루갈다와 그의 가족들인 성인여인(成人女人)들이 관비의 생활을 면하고 다시 체포되어 참수당하는 순교의 영광을 받게 되었는지 아직 아무도 그 원인을 모르고 있다. 다만 달레『한국천주교회사』에서는 "첫 번째 판결이 역적(逆賊)의 자식들에게 대한 법률 규정에 의하여 내려졌었다면, 이 새 재판은 천주교인으로 예수 그리스

---

21) 『李 루갈다의 獄中書簡』, 진사본 본문 참조.

도의 종교(宗敎)를 고백하는 데 있어서 꾸준하였다는 것밖에 다른
원인이 있을 수 없으니 그들의 순교의 영광은 완전히 아무 손상도
받지 않았다……"라고 하여 그 합리성(合理性)을 규명하고 있다.

　『사학징의』의 기사(記事)에서도 신유 10월 7일 형조(刑曹)에서 죄
인들을 각기 배소(配所)로 압송하라는 지시를 받았음을 정부에 보고
한 내용말미(末尾)에 "喜·六喜·順伊·重誠 等 發配之際 肆發妖言
皆正法"[22]이란 말이 있어 그들이 결국 참수(斬首, 正法)되었다는 내
용인 것으로 그녀의 옥중서간(獄中書簡) 및 다른 사료들과 부합됨을
보여주고 있다. 즉 다시 옥으로 불려 들어온 이 루갈다는 다른 가족
들과 함께 심문과 아울러 여러 가지 고문을 당했는데, 그녀는 고문
가운데서도 즐거움 때문에 전연 고통을 느끼지 못했음을 누누이 고
백하고 있다.[23]

　그리하여 그녀는 바로 이 기간의 옥중 생활 중에 그녀의 불멸의
유언인 옥중수기이며, 그녀의 자서전적(自敍傳的)인 기록이며 명언
집 같은 것을 쓰게 되었다. 즉 한국 가톨릭 여성사에 있어서 주옥같
은 규방문학서(閨房文學書)로서 손상이 없는 『옥중서간』을 그녀의
모친과 두 분의 언니에게(올케와 친언니) 쓰게 되어 오늘까지 한국
천주교회 안에 남아서 전해 내려오게 되었던 것이었다.[24]

　드디어 1802년 1월 3일(음력 1801년 12월 28일) 이 루갈다는 시
어머니(申女喜, 40세)와 시숙모(李女六喜, 35세)와 유중성(柳重誠, 마
태오, 15세)과 함께 형장에 나아갔다. 이때 시모에게 귀양 간 어린
자식 때문에 오는 불안과 슬픔을 극복하여 함께 순교할 수 있는 용
기를 가지도록 격려하였고, 망나니가 관례대로 그들의 옷을 벗기려

---

22) 『邪學懲義』 p.5. Ch. Dallet, p.182, 번역본, p.541 참조.
23) 『獄中書簡』 참조.
24) 『日省錄』: 純祖元年 12月 22日(甲子)(結案日: 12月 22日)

하자 그녀는 정숙하고 품위 있게 몇 마디 말로 물리치고 나서, 스스로 웃옷을 벗고 손을 묶지도 못하게 하고 조용히 머리를 도끼 밑으로 놓고 참수를 당하였던 것이며 그때 그녀의 나이 20세에 불과하였던 것이다.[25)]

---

25) C.H. Dallet, Ibid., pp.196-197, Tome Ⅰ.

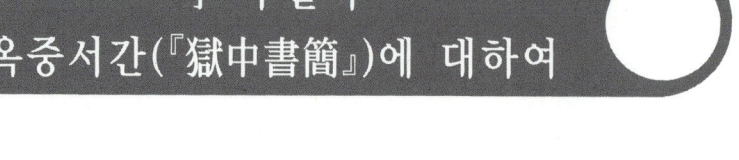

Ⅱ 李 루갈다
옥중서간(『獄中書簡』)에 대하여

　이 루갈다의 『옥중서간』이 처음으로 발표된 것은 물론 1874년 달레(C.H. Dallet)의 『한국천주교회사』 내용 중에서이다.[26] 그러나 불어로 번역되기 전 한글로 되었던 그 원문이 어떤 형태의 것이었는지는 아직 아무도 몰랐고, 또한 그와 같은 내용들이 보편화되지도 않았으며, 당시에는 달레의 한국 교회사가 번역되어 있지도 않았기 때문에, 이와 같은 한 순교녀의 서간에 대하여 학문적으로는 물론 일반적으로 별반 거론되거나 이론화되지도 않았던 것이다. 그러나 다블뤼(Mgr. Daveluy) 비망록[27]에서나 달레의 『한국 교회사』 안에서 이 『옥중서간』이 거의 전문으로 인용되었을 때에는 그만큼 그 서간이 중요함은 물론 그때까지만 해도 몇몇 교우들 중에 이를 등사하여 사본으로 가졌던 것을 알 수 있으며 한편 신자들 사이에 대대로 물려가면서 읽히기도 했을 것이고, 따라서 당시 한국 신자들의 중요한 신심서로서 보관되었던 것으로 보인다. 즉 항상 순교를 눈앞에 둔 한국 신자

---

26) C.H. Dallet, Ibid., pp.182－197, Tome Ⅰ, 1874.
　　이 달레의 교회사 안에 李 루갈다의 『獄中書簡』 本文이 佛語로 번역되어 실려 있다.
27) Daveluy, Notes, pp.167－178 참조.

들의 가장 중요한 교훈서로 간주되었을 것이라고 보인다. 그러나 성서처럼 목판 인쇄나 판각 인쇄는 되지 않았던 것이고 다만 교우들 사이에 필사(筆寫)되어 돌려가며 보았을 것이다. 그러던 차에 종교자유(宗敎自由)의 시대에 들어와서 많이 나돌던 이 루갈다의 『옥중서간』의 사본이 자취를 감추고 다만 달레 교회사 안에 불문으로만 번역되어 남아 있었으며, 1955년 유홍렬(柳洪烈) 선생께서 『순정녀 이 누갈다와 그 형제의 순교사기』라는 소책자 안에 이 옥중수기 전문을 달레의 『한국 교회사』 안의 불문에서 번역하여 실었던 것이다. 그 후 김구정(金九鼎) 선생의 『피묻은 쌍백합』이란 소책자(小冊子, 殉敎 小說)에 다시 유홍렬 선생의 번역과 동일한 내용을 실어서 근대 한국 일반 신자들에게 소개되었던 것이다. 그래서 우리는 그 편지의 원형을 몰랐던 것이다. 그 후 드디어 1955년 여름에 원본에 가까운 한 필사본이 출현했는데, 이 사본은 바로 1868년(무진년)에 경상남도 울산에서 허인백(許仁伯, 야고버), 이양등(李陽登, 베드로)과 함께 순교한 김종륜(金宗倫, 루가)[28]이 친히 복사하여 소지했던 수택본이었다. 이것을 김종륜의 손자인 김병옥(金秉玉, 요한) 씨가 가보로서 지녀왔던 이 옥중서간 2권과 기타 신심서(信心書)인 『사후묵상』과 『진도자증』 및 『회죄직지』 등 다수 사본과 함께 보관해 오다가, 1965년 여름에 『옥중수기』 1권과 『사후묵상』, 『진도자증』 등을 김구정 씨에 기증하고,[29] 또 하나의 같은 이 루갈다 『옥중서간』 1권과 『회죄직지』 등 수 권의 심신서 사본은 현재 한국 가톨릭문화연구소에 기증하여 필자가 소지하

---

28) 김 루가(金宗倫), 허 야고보(許仁伯), 이 베드로(李陽登) 등 3人은 경남 경주에서 80여 리 떨어진 교우촌(敎友村)・진목정 한 동굴에서 숨어 살다가 1968년에 체포되어 울산 장대에서 同日에 순교함.(1982.1.1. 필자 답사)

29) 金九鼎 「敎會史에서 내가 發見한 珍貴한 史料」, 『가톨릭靑年』, 1965. 6, PP.13 −14.

고 있는바, 김구정 씨의 사본과 필자의 사본이 동일본임을 알 수 있다. 위와 같은 경위로 하여 보관되고 입수된 사본인 이 루갈다의『옥중서간』은 1868년 무진년 박해 이전의 것으로 가장 오래된 사본이다. 그 문체나 용어 구사가 영정조 시대의 양반가나 궁중의 규방에서 사용했던 언어임으로 해서 바로 이 루갈다가 친히 쓴 진본과 별다른 차이가 없다고 생각되며, 사본의 내용 중에서 '달레'의 것과 비교할 때 거의가 다 똑같고 다만 다른 것은 가족관계를 말한 것을 '달레'가 생략한 곳이 있는데 고의적으로 가족관계를 생략한 것인지 아니면 또 다른 사본에 의한 것인지는 알 수 없으나 현재까지는 역시 동질인 2권의 사본이 현존하고 있다.[30]

다음 이 옥중서간의 구성을 분석해 보면 김종륜의 친필 수택본인 사본 안에는 모두 순교자들인 이 루갈다 삼남매인 루갈다 본인과 그의 오라버니 이경도의 서간과 루갈다의 남동생 이경언(李景彦, 바오로)의 옥중수기가 함께 수록되어 한 책으로 묶여 있는 것이다. 우리는 이 서간 및 수기들이 루갈다의 친모인 권씨 부인이 소중하게 보관해 오다가 또한 그들의 동생, 다음은 그들의 가족들에게, 더 나아가 박해의 피난살이로 고생하던 교우들의 손을 거치고 거쳐 이 교우촌에서 저 교우촌으로 전달되면서 순교를 당해야 했던 교우들의 신심서로서 대대로 복사해 가면서 교우들에게 읽혔던 것이라고 생각된다.

필자의 소장본인『발바라 초남이 일괴남매』라는 책명이 제목처럼 붙여진 사본에는 모두 세 통의 '서간(書簡)'과 한 통의 '옥중수기'가 수록되었다. 즉 제일 처음의 한 통의 서간은 바로 이 루갈다의 오라버니며 이윤하의 장자인 이경도가 그의 모친 권씨 부인에게 그가 사형선고를 받고 마지막으로 쓴 별로 길지 않은 편지이며,[31] 다음이

---

30) Dallet,『한국천주교회사』, 번역본 上, p.603의 註 참조.
31)『獄中書簡』本文.

이 루갈다가 그의 친정 모친에게 1801년(辛酉) 9월 29일에 쓴 서간
으로 '편친체하 재배상서(片親體下再拜上書)'라는 서두가 있는 비교
적 길지 않은 내용으로 된 서간이며, 다음은 역시 루갈다가 아마도
사형 직전에 썼다고 여겨지는 '냥위 형쥬젼'이라는 장문의 서간이다.
이 세 번째 것은 그녀의 큰 올케(이경도의 부인)와 큰언니에게 쓴
자서전적이며 유서와 같은 내용으로 극도의 문학성이 발휘된 문장과
솔직담백한 마음, 자신의 살아온 길, 그동안의 정신·사상·효심 등
이 낱낱이 그려져 있는 귀중한 서간이다. 다음 마지막에 이경언의
옥중수기로서 1827년에 일어난 정해박해(丁亥迫害) 때 전주아문(全
州衙門)에서 신자의 문초가 벌어졌을 당시 책과 상본(像本)을 전파
했던 사실 때문에 고발되어, 서울에서 전주로 출두한 이 루갈다의
막내 동생이 그가 형님과 누님의 영광스러운 발자취를 따라 그들처
럼 신앙을 용감히 고백하면서 신자의 모범을 남겨 주게 되었던 내용
으로서, 그가 옥중에서 자신이 당한 문초와 형벌을 자세히 기록하였
다. 이것이 이 바오로의 옥중수기로서 동일본의 사본에 실려 있다
(그러나 달레 교회사에 나오는 3통의 바오로의 서간은 이 사본에 실
려 있지 않다). 즉 이경언이 이 옥중수기를 기록했던 때는 그의 형
님과 누님이 순교한 26년 후이므로, 어떻게 이 옥중수기가 같은 사
본에 수록되었는지는 알 수 없으나, 이러한 종합수록은 역시 1827년
후에 이 바오로의 옥중수기가 첨부되었고, 이러한 첨부는 그들의 가
족들 중 누군가가 수집 등사하여 당시의 신자들에게 전파하였던 것
으로 확인된다.

다음으로 이 서간의 문학적인 표현을 살펴보면, 여기에 구사된 문
장이 당시의 궁중(宮中)이나, 사족가에서나, 양반가의 규방문학(閨房
文學)으로서도 손색이 없는바, 이는 그 문장이 대단히 세련되고 미
려한 고어체(古語體)로 구성(構成)되었음을 통해 알 수 있다. 즉, 궁

중여체(宮中女體)로서의 문체라고 하는 것은 아래와 같은 표현들이다. "조심조심하여, 순명순명하시다가, 출리차세(出離此世)한 후에……"라든가 "만 번 복망복망하옵니다" "순명순명하고 안심지본(安心之本)하여……"라고 한 등의 용어 사용에서 궁체로 기록되었음을 알 수 있다. 더 나아가 문장의 구사가 호소력이 강하고 교훈적이며 정확한 문장이면서도 대담한 여유와 정서를 내포했음을 넉넉히 읽어 낼 수 있다. 한편 서술 내용 역시 20세의 여인으로서는 너무 성숙한, 즉 정신적인 조화와 균형이 잘 잡힌 인격에서만 나올 수 있는 내면적인 사상이나 종교적인 진리를 잘 소화한 내용이 함축되었고, 시종일관 문장 전체에 일관된 전통적인 가톨릭 교리나 신앙 정신, 정서와 덕행이 잘 구현되어 있어서 당시 조선 시대 여인들의 정신사(精神史) 내지 그 교육적 영향도의 폭이 얼마나 포괄적이었나를 나타내 주고 있다.

즉, 다시 말해서 이와 같은 이 루갈다의 옥중서간이 갖는 한국 교회사적이고 여성사적인 의의가 매우 큼을 감안해서, 본장에서는 좀 더 구체적으로 그 서간 내용에서 읽을 수 있는 당시의 조선 사회 여성들(특히 천주교에 입교한 여성)이 가지고 있었던 그 심층적 의식구조(意識構造)가 어떠했는가를 규찰해 보려고 한다. 이 루갈다는 이 서간을 쓰는 동기를 서두에서 다음과 같이 밝히고 있다.

창황한 시절을 당하와 하회를 아뢰오려 하오며 다할 길 없사오나 친필 수항을 아뢰어 4년 이회(離懷)를 올리나니 비록 여식이 죽는 지경에 이르러도 과도히 상심 마옵소서. (中略) 나의 일 답답히 여기실까 이리 아뢰나니 이 수지로써 나의 생명을 삼아 반기실지어다. 결실지전(結實之前)에 이같이 필지어서(筆之於書)함이 진실로 경이(輕易)하오나 모친의 수회(愁懷)를 풀고 반기시게 하오니 일로써 위로를 삼을지어다. 야고버(주문모) 신부 계실 때에 우리 풍파를 자세히 기록하여 두라 하시기에 이리 온 후 요한(시동생 文喆)편에 공지(供紙)를 보내삽더니 어찌 하였압(나이까). 만 번 만 번 바라옵나니 관회억제 하소서. 차세는 헛되고 거줏된 줄을 생각하시압(소서).[32]

라고 하였다. 즉 그녀가 이 서간을 쓰는 동기는 '창황한 시절' 즉 박해를 당해서 옥중에서 쓰는 편지로 4년 만에 이별한 회포를 알림과 동시에 자신이 순교함으로써 모친이 슬퍼하실까 위로하기 위한 것이며, 한편 매우 의식적(意識的)인 기록이라고 할 수 있는 것은 저자가 당하는 풍파 즉 저자의 주변에서 당하는 모든 박해나 순교의 기록을 남기라는 주문모 신부의 부탁에 의해서였음을 밝히고 있다.

즉 다시 저자의 올케(李景陶의 부인)와 그녀의 언니에게 쓴 편지에서 비슷한 동기를 말하고 있다. 즉,

……제(弟)는 죄악이 지중하와 가추가추 천지흔혹(天地很惑)한 시절을 당하오니 저절로 성설(成說)하여 아뢸 말씀이 없었고, 아뢸 말씀이 없사오나 4년 이회(離懷)와 쌓인 설화(說話)를 잠깐 기록하여 고(告)하고 금세영결(今世永訣)을 끼치나이다……

라 하였으니, 순교에 임하여 유언과 같은 조의 편지라 하겠다. 그리하여 그녀는 대단히 불안한 옥중에서 감시의 눈을 피하여 쓰는 서간으로 횡설수설한다고 하면서 당시의 상황을 말하고 있다.

……어서어서 회하(回下)가 나려 죽기만 바라고 심심히 들어앉아 겨우 겨우 틈을 얻어 한 장 종이를 제(弟)의 낯을 삼아 영리별회(永離別懷)를 위로하려 하오니 자연 말이 많아 횡설수설하게 잠깐 아뢰나니 날 그리운 정이어든 날 본 듯이 펴시압……(中略)……사년이

---

32) 『獄中書簡』 本文.

회(四年離懷)와 허다 설화(說話)를 만분지일을 기록하오니 옥중 죄
인을 열 번 올려도 다 나를 올리라는 듯, 쓰다가 주리치고(주춤거리
는 것) 주리치고 하오니 말이 된지 만지 하오나, 저의 친필이오니
반기실까 구차이 틈을 얻어 아뢰나이다.……33)

라 하여, 당시의 옥중의 감시를 피하여 이 서간을 쓰게 된 정경을
실감나게 묘사하고 있다. 여기서도 이 루갈다의 교양이나 각별한 그
심정을 알 수 있으며, 한편 이와 같은 서간을 통해 조선 시대 여인
들의 의식이나 문화적인 생활의 기반을 동시에 알 수 있는 것이다.

---

33) 『獄中書簡』 「냥위형쥬젼」 참조.

Ⅲ 李 루갈다의 옥중서간(『獄中書簡』)에 나타난 수정관(守貞觀)과 열녀관(烈女觀)

　이 루갈다의 수정관이나 결혼관에 대하여 말하는 그것은 바로 당시대의 초기 한국 가톨릭 여성들의 수정관이나 열녀관 및 결혼관을 포괄하여 논한다고 할 수 있을 것이다.

　먼저 한국 가톨릭 여성사의 흐름을 관찰해 보면 매우 특이 하게 표출되고 있는 몇 가지 공통된 점을 발견할 수 있는데, 그 가장 큰 특색이 바로 신도가 된 천주교 여성들이 동정을 지키면서 부부가 함께 산다든지, 더 나아가 동정녀들끼리 공동체를 형성하여 활동하는 예라든지, 혹은 개인적으로 동정을 지키는 생활을 위해 자신의 모든 재산이나 생명까지도 바치는 희생이나 고통을 불사했던 예를 수없이 많이 찾아낼 수 있는 것이라 하겠다. 물론 그 당시의 조선사회는 주자학(朱子學)을 사회 제도나 민간 풍속에 적용시켜 부녀자들의 모든 규범이나 가정 운영 등의 생활이 주자가례에 매여 있었다. 한편 유교사회(儒敎社會)에 있어서 혼례(婚禮)는 모든 예의 근본이며 인륜지본(人倫之本)으로 규범 지어져 있었기 때문에 가문의 여식(女息)들이 결혼을 거부했다는 것은 당시의 모든 사회적인 제도를 근본적으로 거부함과 같은 행동이 되는 것이었다.

이 루갈다의 서간 속에서는 그녀의 동정부부(童貞夫婦) 관계를 대단히 솔직하고 드라마틱하게 다음과 같이 고백하고 있다. "식이 이리온 후 평일에 근심하던 일을 얻어 성공하여 구월에와 시월에 양인이 발원 맹세하여 4년을 지내다가 사실로 남매 같더니 중간에 유감을 거의 근 십여차를 입어 거의거의 할 일이 없더니(실패할 수밖에 다른 도리가 없더니) 성혈공로(聖血工勞)를 일카라(의지하여) 능히 유감을 면하였압(나이다)……"34)라고 하여 그녀가 사실로 대단히 인간 본능적인 유혹을 받았음을 고백함으로써 동정을 지킨 부부생활(夫婦生活)을 했음이 더욱 확실해졌다.

그러나 한편 이와 같은 도저히 이해할 수 없는 비인간적인 행동에 물음을 제기할 수도 있을 것이다. 즉 무엇 때문에 거의 필요 없는 비자연적인 이와 같은 고행을 당시의 조선 천주교 여신도들은 실행하게 되었는가 하는 것이다. 그러나 이러한 고행의 의미는, 더욱 높은 차원의 정신세계의 생명력을 획득하고, 인간 속에 내재한 악을 극복하며, 한편 더욱 큰 정신적인 기쁨을 득하기 위한 것으로서 그 의미가 주어지는 것이라 하겠다. 즉 이와 같은 고행을 순교와 천국을 얻는 기쁨과 직통하는 길이라고 당시의 여교우들은 철저하게 믿고 있었던 것이다. 실제로 이조 여인이었던 이 루갈다의 옥중서간 속에는 순교에 대한 가치를 인간 최고의 영예로 인식하고 신앙하고 있는 내용이 주제를 이루고 있다.

다시 루갈다는 두 언니에게 보내는 편지인 '양위 형 주전'에 좀더 구체적이고 상세하게 자신의 동정부부(童貞夫婦) 생활을 언급하고 있다.

……적년(積年) 원하던 바 뜻과 같이 이뤄오니(이루어지니) 심곡

---

34) 『獄中書簡』本文.

(心曲, 마음의 곡절)을 말하온 즉 저도 또한 아시(兒時, 아이 때에)
로 원한바라. 우리 모임 양인(兩人)의 소원을 천주 윤허하사 특별하
신 총은이라 피차에 감사함이 죽기로써 보은(報恩)이라……중략……
작년 납월(臘月)이라. 유감이 자심하여 마음이 두려움이 여리박빙
(如履薄氷, 얼음장을 밟는 것 같음)이요, 여림심연(如臨深淵, 깊은
못에 온 것 같음)이라. 우르러 이길 것을 간구간구(懇求)하옵더니
주의 총우로 겨우겨우 면하여 아이(童貞)를 보전하여 유신(有信)함
이 견여금석(堅如金石)이며 신애지정(信愛之情)은 중여태양(重如太
陽)이라. 형매(兄妹)로 언약하고 4년을 지내어니.[35]

라 하여 인간 본능에 역행하는 이 초자연적인 생활이 여리박빙(如履
薄永)이라고 표현하고 있으니 이 유혹을 이길 수 있는 힘을 간절히
기구하여 겨우 동정을 지키게 되었고, 서로의 믿음이 금석처럼 견고
하며 믿고 사랑하는 정이 태양처럼 뜨겁다고 표현하고 있으며, 그들
의 만남이나 처음 언약이 모두 천주의 특별하신 총애라고 감사하고
있는 것이다. 즉 이와 같은 초자연적인 고행이 양자의 합의하에서
순수하게 이루어졌음은 이 두 사람의 남녀가 혼인하기 전부터 서로
각자가 동정 생활을 하고자 하는 간절한 원의가 있었던 것으로, 대
단히 자발적으로 이루어진 생활 형태였음을 시사하고 있다. 그리하
여 결국 그들 사이의 관계를 형매관계(兄妹關係)처럼 언약하고 4년
을 지냈다는 영웅적인 사실을 표현하고 있다.
　이와 같은 고행을 가톨릭교의 전통에서는 정신의 순교라고 하여
대단히 높은 덕행으로 간주하고 있으며, 초기의 로마 교회시대에도
종종 이와 같은 전통이 전해 내려왔던 것이다. 그러나 이 루갈다와
그녀의 남편인 유중철(柳重哲, 요한)과의 관계는 이조 시대의 보통
부부답지 않게 남편을 소천(小天)이라고 하는 여필종부(女必從夫)나,

---

35) 『獄中書簡』 本文.

칠거지악이나, 남존여비 등의 관계가 전혀 나타나 있지 않고 대단히
근대적인 의식의 남녀평등의 관계가 조화 있게 이루어졌음을 『옥중
서간』 도처에서 볼 수 있다. 그러므로 더욱더 그들은 형매 간을 넘
어서 충우(忠友)관계까지 들어가게 되었던 것으로 이는 아래 『옥중
서간』의 서술에서 잘 나타나 있다.

> 요한을 남은 남편이라 하나 나는 충우(忠友)라 하느니 만일 득승
> 천국(得昇天國)하였으면 나를 잊지 아냣으리라 하노라. 세상에서 나
> 를 위한 마음이 지극하였나니 만복(萬福)곳에 거(居)하였을진대 그
> 런 중에 고호이(애타게) 붙이려(전하고 싶어서) 암암이 부르는 소리
> 귀에 떠나지 아니리니 평일 언약을 저바리지 아니면 이번은 끊지
> 아닐까 하노라.36)

고 득천(得天)한 남편을 충우(忠友)처럼 그리워하는 정(情)을 대단히
솔직하게 토로하고 있는 문장이다. 그리하여 그녀는 천국에 거하는
자신의 남편에게 세상에서처럼 애타게 연락하며 가만히 부르는 소리
까지도 들린다고 하고 있다. 이와 같은 그녀의 술회에서 우리는 이
들 두 사람의 부부관계 애정의 심도와 심화를 알 수 있는 것이다.
한편 아래 기록에서는 더욱더 그들의 너무도 진실한 부부애가 깊이
있게 표현되고 있다.

> ……마음속에 감춘 설음(설움)이 자연 잊히지고(잊어지고) 가지록
> (갈수록) 총은(寵恩)이라. 신락(神樂)이 도도(滔滔)하니 만사무심(萬
> 事無心, 아무 일도 마음에 없음)하고 거리낀(마음에 걸리는) 염(念)
> 이 없사오대(없지만) 오히려 권권(잊지 못함)한 바 옥중의 일인(一人,
> 옥에 든 사람, 즉 자기 남편)이다. 못잊자움은 다름이 아니라 집에

---

36) 『獄中書簡』 本文.

있을 때 소회(所懷, 마음에 먹은 생각)를 비치어서(나타내어) 전일편
(專一便, 아주 한패가 됨)을 이뤄(되어) 동일동사(同一同死)하자 하
였더니 인편이 마땅찮고 오히려 자저(머뭇거리다)하여 미쳐(아직) 전
치(전하지) 못하였더니 자취(발걸음)를 절금(絶禁, 절대로 금하다)하
니 통할 길이 없어 잠잠히 구하고 원하고 바라는 바 위주 치명하여
동일동사 하자더니 상주의 총은이 저러실 줄(저러할 줄) 알았으랴
?……중략……신신 부탁하매 동일동사(同日同死)하자더라, 요한(자기
남편)에게 전하소서. 재삼 부탁하고 손을 나눠 돌아서니 남은 바 네
사람이 쳐져(머물러 있어) 의지하여 주우(主佑)만 바라더니 일각이
겨우 부음(訃音)이 들려오니 인정의 참절(慘絶)함은 오히려 둘째 되
고 요한의 수복(受福)함은 경희(慶喜)하오나 오호통재(嗚呼痛哉)라.
요한이 어찌 되었는고 생각이 미치매 억만 칼이 흉중(胸中)을 써는
듯 심신이 지향 없어 반향이 지난 후에 이도(이것도) 또한 총은인지
마음이 정하이대(진정되기를) 전공(前功)이 없잖으나 혈마(설마) 아
주 버리시랴? 마음이 줄어지나 일념(一念)이 권권하여 오히려 염(念,
걱정)이러니 종수(從叔, 시사촌 동생)께 묻자오니(물으니) 먼저 정지
(定志, 마음을 단단히 먹다)하라 하시더라. 집에서 기별하대 신체를
내어다가 입었던 옷을 보니 기매(其妹, 요한이 아내를 누이라고 함)
에게 부쳤으대(부치기를) "권면하고 위로 하니 천국에 가 다시 보자"
하고 정지(定志, 서로 동정시킬 뜻을 정한 것)한 4년이라 염려를 부
렸아오며(걱정하다) 저의 평생 행위를 살피건대 구태여(공연히) 애련
(哀憐)할 일이 없고, 속태(俗態, 세속태도)에 벗어나 족히 노성(老成)
타도 할 만하고 흔근열애 성실(欣謹熱愛誠實) 함은 항복함이 되는지
라(그렇다고 인증되다).[37)

가장 길고 자세하게 자신이 체포되었을 때 같은 옥중의 남편에
대한 염려와 동일 동사하자던 언약을 회상하였는데, 그녀는 그녀의

---

37) 『獄中書簡』本文.

남편이 옥중에서 자신보다 먼저 교수형을 받았던 부고를 듣고 느낀
폐부를 찌르는 고통과 배교하지 않았을까 하는 두려움에 떨고 있었
다. 이때 남편의 시신 속의 저고리 옷섶에서 나온 종이쪽지에 그 누
이에게 '권면하고 위로하여 천국에 가 다시 보자'라는 구절이 들어
있었으니, 그 누이는 루갈다를 말하는 것으로 그 아내인 루갈다를
남편인 유 요한은 그렇게 불렀다는 것이다. 그 쪽지로 인하여 아직
도 옥에 갇혀 있었던 그녀는 심회를 달랠 수 있었다는 대단히 극적
인 장면을 말하고 있다. 한편 루갈다는 남편인 요한에 대하여 인격
적으로 대단히 신뢰하고 있음을 말했는데, 남편인 유 요한의 평생
행위를 보고 '속태(俗態)에서 벗어나 족히 노성(老成) 타도 할만하고
흔근, 열애, 성실함을 모두 인정한다'고 함으로써, 유 요한이 인격적
으로 성숙하고 속태를 벗어났다 하여 속물이 아님을 말했으며 부지
런하고 열심하고 애정 깊고 성실하였다는 기술을 하고 있다. 여기에
서 이 루갈다는 그들의 신앙이나 신심이 무슨 광신 같은 신앙이 아
니라 인격의 기반 위에서 덕행을 겸비한 신앙생활이며, 이러한 기반
이 있었기에 순교할 수 있다는 명확한 인식을 하고 있다. 즉 이러한
인격적인 덕행이나 고행을 통하여서만 바로 신심의 절정인 순교도
가능할 수 있다는 철저하고 확실하며 균형 잡힌 신앙인의 의식이 이
서간에 내재되었음을 볼 수 있다. 이것이 바로 가톨릭적인 신앙태도
이기도 한 것이다.

이를 미루어 보아 그들의 부부애의 기반에는 순교에까지 이르는
종교적 신앙과, 인간적인 형매(兄妹)와 충우(忠友)의 사랑과, 시간적
으로 영원을 통하는 지극한 애정들이 모두 합쳐진 부부애가 잘 조화
를 이루고 있었던 것이다. 즉 양인의 마음속에서 고행을 통하여 성
숙하여졌고 심화되었던 애정들을 놀라운 문장으로 표현하고 있어 어
떤 문학적인 작품도 따를 수 없는 고귀한 향기를 풍기고 있음을 알

수 있다.

이상에서 논한 바와 같이 이 루갈다의 수정관은 대단히 균형 잡힌 덕행 위에서 가족애와 부부애가 동반하고 있기 때문에, 비자연적 극단의 고행에서 생기는 어떤 광신적이고 신비적인 부작용을 일으킬 수 있는 신앙생활 형태가 아니라고 할 수 있다. 반대로 타락할 수 있는 인간적인 본능을 극복함에서 오는 정신적인 기쁨이나, 속세적인 바람이 아닌 순교를 통해 바랄 수 있는 천국에 대한 희망 때문에, 그리고 인간적인 덕행 실천을 동반한 인격 형성에서 오는 균형 잡힌 신앙생활 때문에 대단히 기품 있는 인간적인 측면까지도 볼 수 있다. 그러므로 이들 동정부부들의 인격적인 향기와 그들의 죽음을 통하여 조선 초기 교회의 여신도들의 생활의 한 측면을 엿볼 수 있다고 할 것이다. 그 까닭은 그들의 덕행이 가족에 대한 애정이나, 조선시대 여인들의 근본적인 부도(婦道)라고 할 수 있는 효(孝), 열(熱), 신(信)을 실천한 덕행의 기반 위에 형성되었기 때문이다.

결론적으로 말해 이 루갈다는 이조 여인들의 부도였던 효, 열, 신의 도에서 열녀나 열부가 되는 길을 유학적인 여필종부(女必從夫)와 남존여비의 한계에서 실천한 것이 아니라, 매우 새로운 종교의 신앙 안에서 부부가 대등(對等)하고 평등한 입장이라는 측면에서 실천하였고, 마음과 정신이 통하는 충우의 관계나 진실한 애정의 관계에서 열녀가 되었음이 그의 서간 전체에 확실하게 서술되고 있는 것이다.

IV 李 루갈다의 효(孝)·우(友)·신(信)의 덕(德)

조선 시대 여인들에게 있어서 가장 중요한 부덕(婦德)은 효와 우애(友愛)와 신(信)의 도(道)를 완전하게 실천한다는 것으로, 이와 같은 부덕은 어디까지나 유교사회(儒教社會)의 교육에서 크게 영향받은 것이라고 하겠다. 李 루갈다 역시 시대적으로 유교사회의 전통 아래서 성장했으므로 이와 같은 보편적인 부덕을 교육받음과 그러한 덕행 실천을 생활의 기반으로 하여 성장했음을 알 수 있다. 그리하여 그녀가 목표했던 서학적(西學的)인 고행(苦行)이나 덕행을 실천하는 데 있어서, 유교의 근본 부도인 효(孝), 열(烈), 우(友), 신(信)은 천주교 신앙생활을 더욱 촉진하는 근원적인 기반이 되었으며, 이를 더욱 심화시킴으로써 오히려 천주교 안에서 덕행을 실천하는 데 도움이 되었던 것이다.

우리는 李 루갈다의 『옥중서간』에서 그녀의 천주교의 고행 및 수정관과 아울러, 그녀의 지극한 효심과 편친(片親)께 대한 사랑과 형제(兄弟), 매(妹)들에 대한 애정으로 표현된 그녀의 대단히 숭고한 가족애의 정다움을 읽을 수 있다. 그리하여 필자는 이 절에서 그녀의 극히 인간적인 덕행 즉, 윤리관이나 도덕관, 인간성이나 인격의 형성, 교양 및 가족적인 애덕을 분석해 보려고 한다. 즉 그 어려운 가운데 옥중에서 쓴 서간도 결국 그녀의 지극한 효심과 가족애에서 부터 시작되는 것이라 할 것이다.

> ……모녀 상리(相離) 4년에 이 지경이 되어 4년 회포를 펴지 못하오니 망극한 정이야 오죽하옵마는 도시(都是) 명(主命)이라 우리를 주심도 명이오, 앗으심(빼앗다)도 명이니 관념(관심을 갖는 생각)하는 것이 도리어 웃으운 일이오니이다. 만 번 복망복망하옵나니 관회억제(寬懷抑制, 너그럽게 참아 억제하다)하소서. 영세에 모녀지정을 다시 이어 온전케 하오소서[38]

라 하여 영세에까지 모녀지정(母女之情)을 연결하고 싶어 하는 그녀의 간절한 마음을 여러 곳에 나타내고 있다. 또한 그리고 순교하는 자식을 둔 모친의 영광을 선명하게 말하고 있다.

> ……특특한 은명(恩命)을 배반치 마옵시고 안심 순명하옵소서. 요행 버리지 아니시는 은혜를 받잡거든 감사 주은하옵소서. 내가 세상에 살았음이 진실로 덧덧지 못한 자식이압(나이다). 쓸데없는 자식이나 특총으로 결심하는 날이면 어머님도 가히 자식을 두었다 할 것이요, 덧덧한 자식이 될 것이니, 작고 쓸데없는 자식을 진실하고 보배의 자식으로 만들어 하심이니 천만번 바라오니 과히 상훼(像毀)치 마옵시고 관회억제하옵소서……중략……듣자오니 오라버니가 고복(皐服)하였다 하오니 이 진실로 어떠하신 총우신고! 우러러 감사함이 겨를 없고 어머님 복을 찬송하나이다.[39]

---

38) 『獄中書簡』本文.
39) 『獄中書簡』本文.

라고 하여 큰아들(李景陶, 가롤로)과 그녀 자신의 순교로 인하여 슬퍼하시는 모친을 간절하게 신앙의 말들을 끌어내어 위로하고 있음을 읽을 수 있다. 다시 루갈다는 올케에게 보내는 편지에서도 구구절절이 그의 오라버니가 순교함에서 당하는 살아 있는 모친의 슬픔을 몹시 염려하고 있다.

> ······돌아가신 이야 수복(受福)하여 계실 것이니 설마 저를 어쩔 것이 아니로데 집안 경상과 어머님, 형님 참아 어찌 견디시며 지금 일맥이 부지하여 계시아냣실듯이 중도 생각난심(生覺亂心)이야 형용할 말이 어이 있삽(있사오릿까?)······중략······죽었으나 어머님 간장을 한량으로 녹이실 것이요······[40]

라 하여 그녀가 권씨 부인인 그의 모친에 대한 효심이 얼마나 지극하였나를 나타내 주고 있다.

다음으로 루갈다는 올케에게 자신이 모친에 효도하는 도리와 방법을 유언으로써 대단히 겸손한 어투로 호소력 있게 일러주고 있다.

> ······제는 생아 이십 년에 병 없는 날이 없고 사사(事事에, 만사에)에 불효만 끼치다가 종래 자식 된 보람이 없이 돌아가니 형님네는 제까지 대신하여 확실히 효양들 하시압, 육신을 효양함도 좋으나 마음을 효양함이 더욱 좋사오니 증자(曾子, 공자의 제자)의 효가 증원(曾元)의 효에서(보다) 낫다 하였으니 제도 구고(舅姑)를 모셔 살아보니 어른은 뜻 받는(맞춰 주는)것을 으뜸으로 좋아하시나니 형세 빈핍(貧乏)하여 뜻대로 봉양(奉養)치 못하나 마음을 잘 받고(잘 받들고) 위로 보호하며 혼모한 정신을 잘 깨우치며 혹 노혼(늙어 정신이 없음)하여 그르치는 일이라도 의리로 말하지 말고 화한 얼굴

---

40) 『獄中書簡』 本文.

로 간절히 간(諫)하며 아무리 설어하실지라도 어머님을 비색(悲色,
슬픈 빛)을 감추고 혹 어린 양도 하고 혹 강잉(억지도)하여 우스운
얘기도 하며 어머님을 잘 보호하고 어린 동생들이 오라버님 소임
(책임)을 켜(겸하여) 형님 노릇을 하여 어지리(너그럽게) 권장(勸奬)
하여 아무쪼록 성취하여 문호(가문)를 보존하고 열심명백(熱心明白,
열심하고 똑똑함) 단사(端士, 단정한 선비)가 되게 하시압. 어머님과
두 날동생은 형님 밖은(외에는) 부탁할 사람이 없압(나이다). 오라버
님이 치명을 하였으면 제도 요행 주은으로 선종을 하오면 만날까
하옵(나이다). 어머님을 어지리(너그럽게) 도와 여년(餘年, 남은 生)
을 잘 맞고(마치고) 선종지은(善終之恩)을 얻어 모자 형제 즐거이
만나게 하옵(소서). 부탁부탁하나니 어련 하시옵 마는(응당 그러하
시겠지만) 제의 부탁을 생각하여 두 벌로 하여(한 번 더 하시어) 더
욱 잘 하시압. 부모 있는 사람은 설다고 너무 과히 설은대로 하지
못하오니 그를(그것을) 생각하시압(소서). 내 형님은 범연히(예사로)
생각하고 하는 것이 아니라 형님 하(하도, 너무) 설으신 사람이기로
(사람인고로) 이리 하옵(이렇게 말해 둡니다.)41)

라 하여 효도의 실천에 있어 세련된 어투로 자신감에 넘쳐 그 방법
을 장황하고 상세하게 말하고 있는데, 이러한 당부나 부탁에서 그녀
의 세련되면서도 인간적인 윤리관을 엿볼 수 있는 것이다. 한편 '효
는 육신을 효양함도 좋으나 마음을 효양함이 더욱 좋다'고 한 것은
바로 앞서 우리들이 언급했던 유한당 권씨의 『언행실록』에서 서술된
효의 내용이나 문체나 어조가 너무도 똑같은 것이다. 여기서 우리는
이들 이종 사촌끼리는 어렸을 때부터 정신적으로 뜻이 통했던 지기
(知己)가 아닌가 하는 것을 짐작할 수 있다.
　다음은 이 루갈다의 옥중서간에 나타난 형제지간의 우애와 그녀의

---

41) 『獄中書簡』本文.

가족애이다. 아래 그녀의 서술에서 우리는 그의 형제에 대한 우애가
얼마나 깊은가를 알 수 있다.

> ……우리 형제 명년을 기약한 이별 4년이 되옴은 몽매중(夢寐中)에
> 도 의외(뜻밖)이라. 일로 보면(이것을 보면) 세상일을 미리 말할 바
> 이압(말할 수 있겠소)? 사년이회(四年離懷)도 어렵다 하였거늘(했거
> 늘) 지속(遲速, 더디고 빠름)없은 영이별 더욱 어떠하시리오? 무용한
> (쓸데없는) 제(아우)로 하여(때문에) 괴로이 상심하시로다. 연이나(그
> 러하오나) 우리 형님은 하해지량(河海之量, 속이 바다같이 넓음)이시
> 라, 슬겁고(슬기롭고) 어지시니(너그러우시니) 혈마(설마) 아니 참으
> 시랴? 안심진정(安心鎭靜)하시리니 염려를 부리오나(하오나) 형님네
> 께 염이 가면(걱정을 끼치면) 오히려 권권무익(잊지 못해 하시어 쓸
> 데없음)히(하게) 분심(紛心, 마음을 산란케 함)하지 마옵(소서). 부자
> 동기지정(父子同氣之情)은 인소난언(人所難言, 사람이 다 말할 수
> 없음)이라. 탈이육신(脫離肉身, 육신을 떠남)전은 면부득이어니와(할
> 수 없지만) 저기나(조금이라도) 열심이면 무익한데 염(念)을 쓰랴(쓸
> 데없는 일을 걱정함)? 도리어 한(恨)하오니 형님네 심사야 오즉하옵
> 마는(대단하겠지만) 만일 치명의 은혜를 입으면 설어할 것이 없으니
> 설어들 말으시고(설어워 하지 말고) 경하하시압(소서)……42)

라 하여 자신의 죽음과 영이별에 대하여 슬퍼할 올케를 위로한다.
다음 문장은 그녀가 형제간의 우애를 의식적으로 실천한 예로 볼 수
있다. 여기에서 그녀가 이 형제애를 실천하는 데 당시의 대가족제도
안에서 얼마나 큰 인내심으로 생활했는지를 알 수 있다.

> ……형님 신세를 생각하오면 제(아우)의 마음이 아프며 비록 마음

---

42) 『獄中書簡』 本文.

이 합하지 아니나(내외간에 마음이 잘 안 맞아도) 죄 아닌 명(명령) 이어든 좋을 대로 뜻을 받아 화목이나 잃지 마옵(소서). 제는 결발 오년(結髮五年, 머리 얹은 지 5년)에 동거 4년이라 한 때도 피차에 뜻 바꾸어 본 일이 없고 집안사람과 서로 슭여(싫어) 하여본 때가 없압(니이다)……43)

즉, 그녀는 4년 동안 대가족의 맏며느리로서 집안사람과 마음 한 번 상해본 일이 없다고 토로하고 있는 것이다.

위와 같은 말을 자신 있게 할 수 있다는 것은 그녀가 크리스천으로서 형제애의 실천에 많은 노력을 아끼지 않았으며, 도덕적이며 윤리적인 교육과 그녀의 성격의 온화함과 교양이 높았음을 알 수 있다. 그리하여 그녀의 이와 같은 덕행은 그녀의 신앙생활과 이어졌으며, 이제 그녀는 가족들이 전부 파괴되었으나 종교적인 순교를 통하여 영원한 천국 복락 속에서 가족들과의 재회(再會)를 꿈꾸는 것이다.

……작은 형님도 오라버님 죽어 계시거든 육정만 생각하고 설어 말으시압. 부부는 일체라 한 편이 승천하였으니 어련히(응당코) 인도하오실 것 아니겠압? 행선에는 해태(懈怠)하고 무익한 심사만 허비하여 상주와 오라버님의 근심을 끼치지 말으시압. 동아(人名, 귀비)는 우리 오라버님의 한낱 혈속이니 남의 남자에서(아들보다) 귀하니 육신과 영혼을 착실히 보호하여 장양성취(長養成就)하여 성녀현부(聖女賢婦)가 되게 하옵(소서). 희야(喜, 루갈다의 동생 終喜, 바오로, 一名 最彦)는 어찌 살았는고? 그것들 형제나 어찌 글자나 가르쳐 양선한 비람을 만들어 의지들이나(서로 고의지)하충주 아우님을 다려다가(데려다가) 서로 의지하고 화목친애 하여 마음을 부치고 편친(홀로 계시는 어머님)을 위로하며 지내시면 죽은 후라도 즐

---

43) 『獄中書簡』本文.

거울까 싶스압(싶습니다)……중략……언제나 기옥(羈獄, 육신)을 벗어
나 대군 대부와 청상모황(성모)과 사랑하던 존구(시아버님)와 내의
(나의) 동생(시동생)과 충우(忠友) 요한을 만나 즐길꼬? 무궁 대죄
악인이 마치 바라기만 바라오나 뜻같이 수이(쉽게)될 리 있압(사오
리까)……44)

라고 하여 그녀의 친정에 대한 간절한 회포와 정의를 말하고 있다.

다음은 이 루갈다의 시가(媤家)에 대한 언급을 보면, 이조 여인에
게 있어서 시가족(媤家族)이나 시가살이는 하나의 고통으로 여겨졌
으나, 이 루갈다에게는 내외적 마음가짐에서 전혀 시가에 대한 원망
이나 저어하는 기색이 전혀 없고, 오히려 맏며느리로서 모든 본분을
흔근히 지키며 온갖 고충을 진심으로 참아 동고동락하는 것이다. 아
래 저술은 그러한 그녀의 마음가짐을 잘 나타내고 있다.

……금년을 당하여 간장을 녹이다가 종래 사세 할 일 없어(사세
부득이) 기울어져 엄구(시아버님)를 여이게(잃게) 되오니 살고 싶은
염(생각)이 없어 기회가 좋은 때에 위주치명(爲主致命)하리라 심중
에 정지하고 대사를 경영하며 판비(辦備, 준비)함을 힘쓰더니 부지
불각(뜻밖에)이라 허다장채(許多將差, 많은 관졸)이르러 아신(我身,
내 몸)이 잡히오니 기회 없이 염려할 차(하던 참에) 뜻과 같이 되온
지라 감사 주은이요, 일념(一念)이 흔희(欣喜, 기쁘다) 하오나 선심
중에 황망하고 장채(관졸)는 재초하니 애애한 곡성이 천지에 진동하
고 고당편친(姑堂片親, 혼자 계시는 시어머니)과 형제 친우와 인리
고향(隣理故鄕)이 즈음 없는(길이길이) 영결(永訣, 영이별)이라45)

---

44) 『獄中書簡』 本文.
45) 『獄中書簡』 本文.

라고 하여 시가의 파산과 아울러 자신의 삶도 같이하겠다는 생각이다. 한편 시가 식구들의 표양을 통하여 친정 가족들에게 교훈하고 있다.

　　……우리 시삼촌 숙모께서는 무매독자(無妹獨者)를 두었다가 이제 우리와 한가지로 치명하려 하여 같이 수형하고 같이 갇혔으대 극진히 순명하여 태연히 하시다 하오니 저러신 이들로(저분들로) 표양을 삼으시고(본보기로 해서) 우리 자모(성모님)와 이왕 성인들로 표를 법받아(본을 따서) 무익한데 심사를 허비치 말으시고 큰 형님 내외의 정지(형편)도 어려운 바이나 행선입공(行善立功)은 그런 터이(그런 일에) 더 좋사오니 참기도 많이 하여 계시거니와(계시겠지만)……중략……우리 시매는 호화히 지내던 몸이 부모 동생 다 잃고 가산까지 빼앗으니 광사를 버리고 퇴락한 초옥에 불쌍하신 숙모(유관검의 처)와 노혼하신 조모를 의탁하고 신례(新禮, 신혼례)도 야 다가(않았다가) 구가(시집)에서는 다려가리 아니리(데리고 가느니 안 가느니, 역적의 딸이라서) 하고 신세로 하(너무) 가련 불쌍하니 어찌 기절하옵(氣絶, 기가 막히는 일이 아니겠소)? 세낱 동생은 구세오세, 삼세, 아이를 혹도, 신지도, 거제도로 각각 원배(멀리 귀양 보냄)하니 그런 경상인들 참아 어찌 볼 노릇이옵(니이까)? 시어르신네 동서분과 서울 가 계시던 시사촌(마태오)과 동지동심(同志同心)이기(에) 협력하여 종사(從事)하니 같이 초사하고(조사받고) 같이 추열(推閱, 심문받음) 같이 수형하여 같이 가쳤으니(종래같이) 될 듯하옵(나이다, 함께 치명할 것 같습니다)[46]

라고 하여 그녀의 시가에 대한 애착과 믿음을 과시하고 있다. 그리하여 그녀는 종부로서 재산의 처리에 대한 계획도 짜놓고 있었던 것

---

46) 『獄中書簡』 本文.

으로,

> ......양인이 언약하기를 가산과 소업을 전하시는 날(상속받을 때)
> 이어든(이면) 3,4분에 분파하여 시제빈인(施濟貧人)하고 계씨(季氏,
> 시동생)를 후히(많이)주어 양친을 의탁하고, 세상이 펴이거든(자유롭
> 게 되면) 각각(부부서로 떠나 사자(살자)하고 피차 상약(相約)을 저
> 버리지 마자더니......47)

라 하니 이에 루갈다의 인간애와 자선심이나 애덕의 마음이 함축되
어 있음을 볼 수 있다. 그리하여 그녀는 자신의 유언을 그리스도교
의 신자답게 신·망·애의 삼덕에 따라 교훈하면서 맺고 있다.

> ......시작도 좋사오대(좋지만) 마침이 더욱 좋사오니 이 앞을 조심
> 하여 전공을 잃지 말고 극고(極苦)가 이르러도 마음을 널리하고 명
> (主의 命)을 생각하면 기쁨이 있은 줄을 믿어 조급한 생각을 쫓아 멀
> 리하면 곤란한 일이라도 수고롭지 아니할 듯하오니, 이처로(이처럼)
> 마음을 쓰시면 좋을 듯하오니 다른 덕도 구함이 좋으대(좋지만) 신·
> 망·애 삼덕이 아주 주인(主人, 으뜸)이라. 신·망·애 진실하면 다른
> 덕이 자연 따라옵나이다.......중략......요행 주은으로 득승천국(得昇天
> 國) 하올진대 부지런히 입공하사 선종하시거든 손을 이끌어 뫼서
> 가고자 하나이다. 영결의 붓을 드오니 만단설화(萬端說話)를 주리칠
> (멈출) 길 없아오나 허다하회(許多下懷)는 일필난기(一筆難記)라 다
> 만 주리치오니(멈추오니) 일후 내내 행선입공(行善立功)하시며 신체
> 강태하시고 연신이 결정하사 동승천국하여 대부모, 형, 부모를 즐거
> 이 모시고 형제 향수하여 영원 동락하시기를 앙첨기망(仰瞻祈望)하
> 여 지어사후(至於死後, 저승애 이름) 시시(항상) 간구 하리다. 행여

---

47) 『獄中書簡』 本文.

(혹시) 이원을 못이루고 살면 어쩔고? 이리(어떻게) 두렵사오나 죽어도 설어들(설워) 말으시압······48)

라고 술회한바 이에서, 이 루갈다의 인간관계에 있어서 신심 및 효심이나 형제애에 대한 덕행이나 그 실천을 엿볼 수 있으며, 이와 같은 천주교적인 덕행은 그 시기의 유교사회의 전통에서 철저하게 교육된 제반 도덕이나 교육이 하나의 저변적인 기반이 되었음을 알 수 있다.

---

48) 『獄中書簡』 本文.

V 李 루갈다의 종말론적(終末論的) 내세관(來世觀)

　　그의 종말론적 내세관이라고 한다면 이는 곧 그녀의 천국에 대한 사상이며 더 나아가 그녀가 죽음 즉, 순교함에 대해 가졌던 가치관이라고 요약할 수 있을 것이다. 그리하여 그녀는 『옥중서간』 서두에 마디로서부터 자신의 내세관을 표명하여 "……차세(此世)를 꿈같이 여기시고 영세를 본향으로 알아 조심조심하여 순명순명 하시다가 출리차세(出離此世)하신 후에 비약한 자식이 영복의 면류(冕旒)를 받잡고 즐거운 영복을 띄고, 손을 부뜰어 영접하여 영복하리라……"49) 하였다. 이와 같은 내세관 즉, 천국에 관한 사상은 그녀의 『옥중서간』의 대부분을 차지하여 서간 전체의 흐름이 이 내세관에 대한 희망에서 용약하고 있는 것이다. 이와 같은 종말론적 내세관 역시 전통적인 가톨릭 사상인 것이다. 그것도 초기의 교회사상에서 형성된 이원론적인 정신체제로서 내세와 현세 즉, 천국과 땅에 대한 뚜렷한 구별을 하였고 지상 생활의 고초에서의 기간의 짧음과 내세의 영원한 희망을 말하는 것이다. 한편 그녀는 다시 그녀의 내세관에 대하여 구체적으로 아래와 같이 언급하고 있다.

---

49) 『獄中書簡』 本文.

……나 죽었다(는) 소문 들어시고 천만번 바라나니 과도히들 애상
치 마옵소서. 비천한 자식이요, 용렬한 동생으로 감히 주의 의자(義
子)가 되고 의인에 참예하며 천상제성(天上諸聖)의 벗이 되며 미복
을 갖추고 성연에 참례하면 이 어떤 영광이옵(나이까)? 얻고자 하여
도 어려운 일이라 자식과 동생이 임금의 총(귀여워함)만 입어도 경
하할 일이오니(온대) 천지대군(天地大君)의 총애하시는 자식을 두면
이 어찌 경하할 일이옵(나이까)? 임금께 총받음(귀여움 받음)은 다투
어(서로 경쟁하여) 구하느니 구하지 아닌 은총은 입으면 뜻밖에 은
혜(가) 아니옵(겠나이까)?……중략……만일 이처로(이처럼) 끝을 맞아
치명을 하게 되면 일시에 죄명을 다 벗고 만복으로 가리니, 어찌 설
어할 일이옵(나이까)? 관비의 형이라 함과 치명자의 형이라는 말이
피차에(이것저것에 비하여) 어떠하옵(겠나이까)? 어머님도 치명자의
모친이라 하오면 이 이름이 어디로 가 싶으옵(갈 성 싶습니까)? 다
른 성인들은 응당 할이어니와 감히 우르러 볼 일을 이 잔생(殘生,
못난 자)에게도 허락하시면 그런 황송한 일이 있압(있아오리까)? 나
를 죽은 것을 산 이로(산 사람으로) 알으시고 산 것을 죽은 걸로 알
으시며 다 잃음을 설어 말으시고 왕일(往日, 지나간 날)에 주 잃음
을 설어하시면 다시 잃을까 염려하시고 백반 설어움을 도리어 왕실
(往失, 전에 잘못한 것)을 울며 힘써 이왕(已往, 지난 일)을 보속하
고 성모를 의탁하고 심중을 화평케 하여 천주의 어좌가 되기를 힘
쓰고 사사(事事, 모든 일)에 안심순명들 하시면 이 설움을 주어 단
련코자 하시던 본의에 합당하여 상주께서 반드시 사랑하시며 위안하
시리니[50]

즉, 이러한 사상도 초기 그리스도교의 전통적인 교부들의 사상과
동일한 것으로, 순교의 죽음은 바로 '의자(義子)'와 '의인'과 '천국 성
인'들의 계열에 참예하는 길로서 세상 임금의 총애를 초월하는 천지

---

50) 『獄中書簡』本文.

대군(天地大君)의 총애를 입는 영광의 길이며, 그러므로 절대로 슬퍼할 수가 없다고 말하고 있음으로써 철저하게 순교정신으로 정신적 무장을 하고 있음을 표명하였고 죽음을 극복한 경지를 보이고 있다.

한편 루갈다의 이원론적 내세관은, 초기 교회의(Diognète)의 편지 속에서도 동일하게 나타나 있는데, 그는 초기 크리스천들이 지상 생활(地上生活)에 대하여 가졌던 모습을 잘 기록하고 있는바, '세계 안의 크리스천들'이란 제목으로 초기 크리스천들의 생활을 말하고 있다. 그중 한 구절을 인용하면 "크리스천들은 그들의 각 고향에 살고 있다. 그러나 그들은 이 지상의 고국에서 이방인들처럼 이 세상에 산다. 그들은 모든 사건에 참예하기를 일반 시민들과 똑같이 한다. 그러나 이방인으로서 온갖 짐을 유지하는 것이다. 그들에게는 이 지상이 타향이 된다. 그들은 모든 세상 사람들처럼 결혼한다. 그들은 아이들을 가진다. 그러나 동시에 그들의 새로운 탄생(크리스천으로서 탄생)도 포기하지 않는다. 그들은 육체를 가지나 그들은 육체에 따라 살지 않는다. 그들은 그들의 생애를 지상에서 보낸다. 그러나 그들은 천국의 시민으로서 보낸다……"[51]라는 것이 있으며, 이와 같은 내용을 우리는 이 루갈다의 서간 중 모든 부분에서 찾을 수 있다. 즉, 그녀는 본향으로 생각하는 천국의 시민으로서 지상 생활을 하는 철저한 생각을 가졌다. 그러니까 보통 사람과 다르게 생각한다. 그녀는 모친께 드리는 편지에 이 세상은 꿈같이 지나가고 사후는 영원한 본향이라고 항상 생각하라 했으며, 어머니가 주명(主命)을 다 봉행하신 후 세상을 떠날 때는 비록 천하고 못생긴 자식이지만 순교를 했기 때문에 천당 진복에서 머리에 화관을 쓰고 마음은 무궁한 즐거움에 젖어서 어머님 손을 잡고 종말이 없는 본향에 모시고 가겠다고 기록하고 있다. 앞서 말한 초기 크리스천들의 생활과 대단히 흡사한

---

51) Diognète 『서간문』 일절

말이다. 또한 그녀는 순교의 죽음을 '복(福)', '진복'으로 표현하고
있다. 자기의 순교도 가족의 순교도 죽음을 진복으로 생각함은 참다
운 부활을 믿는 크리스천의 사상이다. 이러한 사상은 절대로 소극적
인 것이 아닌 것으로 순교의 죽음을 큰 은총으로 감사하는 것이다.
순교의 죽음에 대한 그의 철저한 태도는 역시 그녀가 시부인 유항검
의 죽음(역적으로 능지처참형을 받음)에 가족으로 연루되어 처음 벽
동 위노정배(爲奴定配, 관비로 정배 가는 것)로 형이 집행되었을 때
차라리 죽여주기를 관리들에게 간절히 간청하였던 사실에도 나타나
있다. 즉 그녀 자신의 서술을 보면,

　　……시월 십이일에 관비정속(官婢定屬)하여 벽동(碧潼, 平北)으로
원배(遠配, 멀리 귀양 가다)하니 본관에 들어가서 여차저차하대(이
렇게 저렇게 말하기를) 우리 등이 천주를 공경하나니(하니까) 국률
에 죽일지라. 각인들과(저분들과 함께) 천주를 위하여 죽으렸노라
(죽겠다고) 하니 바삐 쫓아나가라(내라 하기에) 다시 더욱 들어 앉
아 성주(城主, 지방관장)를 여성(勵醒, 단단히 깨우침) 다시 하대(다
시 말하기를) 국록(國祿)을 먹으면서 국령을 순종치 아니신다(순종
하지 않는다고) 여러 가지 말을 하대(하여도) 들은 체도 아니 하고
끄어 내치기로(끌어냄으로서) 할 일 없이(부득이) 길을 떠나 연로
(沿路)에 행하여 구하는 바 더욱 간절터니, 백여 리를 겨우 나가 다
시 잡히니(도로 돌아서게 되니)이는 극진하여(極盡, 지극하여) 다시
더 할 것이 없는 총은이라 어떻게 감사하여야 마땅할꼬! 날(나) 죽
은 후라도 감사주은(感謝主恩)하옵소서[52]

라고 하여 그녀가 벽동관비로 유배되었다가 100리도 못 가서 도로
불려왔을 때 그 데리러 온 포졸들이 부모처럼 반가웠다고 표현하고

_____

52) 『獄中書簡』 本文.

있으며 천주의 은혜에 몹시 감사하고 있다. 또한 그녀는 순교의 영광에 열광하고 있다. 그리하여 "소녀의 죽은 것을 참생명으로 보옵시고, 소녀의 사는 것을 참죽음으로 보옵소서"53)라고 기록하고 있다. '순교의 영광'을 '임금의 총애'라고 비유하고 있으며, 이러한 구절은 『옥중서간』 첫 문장에서 마지막 문장까지 강조되고 있다. 그리하여 그녀는 옥중에서 사실로 기적 같은 일을 당하였는데 즉, 그녀가 옥중에서 당하는 모든 고문이나 고통은 그녀의 정신적인 희열 때문에 전혀 의식하지 못했음을 아래와 같이 기록하고 있다.

······영문(營門) 첫 추열(고문)에 천주를 공경하여 죽으렸노라(죽겠노라) 하니 즉시 장계(將啓, 임금께 올리는 보고)하여 회하(回下)가 나리더니 다시 영문에서 올려다가 고복다짐(皐復, 죽일 것을 다짐)하고 형문일치(刑問一治, 형벌하면서 물어봄) 칼 씌워 하옥하니 살이 터지고 피가 흐르더니 식경(食頃, 얼마동안)이 지난 후에 아픔이 그치니, 가지록(갈수록) 총은이라 바라도 아냣더니(바라지도 않았는데) 4, 5일이 지나면서 다 낫기는 뜻밖이라. 수형 이후 20일이 지나도록 미소한 고난도 없으니 수고자(受苦者, 고초를 받는 사람)라 말이 아까울 뿐 아니라 진실로 상반(相反, 서로 어긋나는)하니 남은 이르대(다른 사람이 말하기를) 수고자라 하나 나는 이르대 편안자라 하느니 뉘(누가) 집에 앉아 마음이 이같이 평안하리오?286)

이와 같은 현상은 지상에 있는 신앙인들의 최상의 보람이며, 그녀의 순결한 생활에 대한 하늘의 보답을 이미 이 지상에서부터 누리는, 즉 성인들의 정신적 기쁨을 이미 누렸음을 표현함으로써 세상의 고통이 더 이상 그녀의 정신적 기쁨을 침범할 수 없음을 나타냈다. 그리하여 그녀는 다시 계속해서 "······도리어 생각하면 불안하고 두려

53) 『獄中書簡』 本文.

워 혹 버리시니 아까(버리심이나 아닌가) 대형이 당전한가(當前, 큰 형벌이 앞에 닥치나이까)? 송황무지(송구스러워 몸 둘 바를 모른다) 하며, 장계 띄운 지 20여 일이 되대(되어도) 기척(기별)이 없고, 오이려 살편이(살 희망) 많다(고) 풍편에 들리니 주우만 바라고 혈마(설마) 버리시니⋯⋯"287)라 기록함으로써 죽게 되지 않을까봐 오히려 두려워하였다. 한편 그 순교한 죽음을 기다리고 있는 시간을 이용해서 그녀의 모친과 형제자매들에게 영리별회(永離別懷)를 위로하기 위해서 이 옥중서간을 쓴다고 술회하고 있다. 이러한 한국 초기교회 서간들이 바로 혹심한 박해를 받았던 교회에 순교의 불을 붙였다고 할 수 있고, 이 서간은 이 순교의 불에 기름의 역할, 즉 혹독한 고문이나 죽음 앞에서도 용기와 희망을 주는 영적 양식이 되었던 것이며, 이와 같은 정신적 전통이 이어져 내려옴으로써 한 세기 반이라는 박해 중에서도 양적으로 질적으로 한국 천주교회는 성장해 왔다는 역사를 가지는 것이다.

본문에서 논한 바와 같이 이 루갈다(順伊 혹은 柳惠)는 지봉 선생의 9대 후손으로서(왕족의 후손) 조선후기 남인 신서학파(信西學派)의 전통을 형성한 가계에서 전형적 천주교의 종교교육을 받으면서 성장하여 어렸을 때부터 철저한 천주교 분위기에 젖어 있었던 것이다. 이러한 교육의 결과로서 그녀는 14세에 처음 주문모 신부를 만났을 때 첫 영성체하면서 거의 완벽하게 가톨릭 신앙의 전통적인 모든 것을 이해했고, 동시에 금욕 생활인 동정서원을 하고 싶은 간절한 원의를 가졌던 것이었다. 그래서 결국 그녀는 그러한 생활을 할수 있는 길을 모색하였고, 그의 가족들도 모두 신심이 깊어 그녀의 생활에 협력하게 됨으로써 한국 정신사에서 최초의 동정부부이며 부부 순교자가 될 수 있었던 것이다. 뿐만 아니라 그녀는 인간적인 덕행에 있어서도 그녀의 열녀관이나 효, 우, 애, 신의 덕행에 철저하여 가정이나 교회 안에서도 모범된 생활을 했으며, 이에 한국 초기 천주교회의 중요한 인물로 부각 되었던 것이다.

한편 이 루갈다가 옥중에서 유필로 남긴 『옥중서간』은 그녀가 순교하기 전 옥중에서 기록한 편지인데(20세 때), 대단히 미려한 문장과 숭고한 정신에서 기록된 것이며 전통적인 가톨릭 사상으로 성숙된 내용이다. 이 장문의 유서를 통하여 남긴 그녀의 정신적인 업적은 한국 천주교 박해 시대의 교우들과 험한 산곡의 피신지에서 고통을 받았던 신자들을 위로하는 역할을 했으며, 이 편지는 한국 천주교 신자들이 대대로 손으로 베껴가면서 돌려 읽었고, 그로 인하여 사대 박해 중에 순교한 신자들이 이 한 정녀의 옥중서간에서 열심한 신심과 순교할 수 있는 용기를 배웠으며, 일반 서민 신자들도 여기에서 막대한 영향을 받았던 것이다. 이러한 점에서 그녀의 『옥중서간』은 정신사적으로 혹은 여성사적으로 당시의 조선 사회에나 한국 교회에 지대한 영향을 주었던 중요한 것이라 하겠다.

제 2 장
이순이 루갈다 남매의
옥중편지

본 장의 한글 번역문들은 다른 번역문들이 여러 가지 있으나 2002년 다리실 문고 I 에서 펴낸 《이순이 루갈다 남매 옥중편지》(김진소 신부 편저, 양희찬, 변주승 옮김)가 김종륜(루카)의 수택본 원본과 가장 근사하게 알기 쉽게 번역되었으므로 필자가 조금 손질하여 본서에 전문을 인용하였다. 물론 이 책의 1장의 논문 안에 있는 번역문들은 원문 그대로 필자가 번역하였다.

1. 이경도 가롤로(이 루갈다의 오라버니)가 어머니에게 보낸 편지

오늘 저의 사형 판결문에 서명을 마치고 어머니께 편지를 올립니다.

주님께서 이 몹쓸 큰 죄인을 특별한 은혜로 천만 뜻밖에 불러 주시니, 지은 죄를 마땅히 뉘우치고 주님을 향한 열정을 다하여 죽는 것으로나 은혜를 갚는 것이 옳겠습니다.

그렇지만 평생에 지은 죄가 하늘에 닿을 만큼 엄청나서 이렇게 특별한 은총을 받고도 마음은 목석같아 감격의 눈물도 흘리지 않았으니, 아무리 주님께서 무한히 인자하시다는 것을 생각하더라도 제 자신이 어찌 부끄럽지 않으며, 받을 엄벌이 두렵지 않겠습니까?

오직 생각하는 것은, 저의 죄악도 무한하오나 주님의 인자하심 또한 무한하다는 것이옵니다. 주님께서 자비로우신 손으로 저를 이끌어주시면, 만 번 죽은들 무엇이 아까우며 무엇에 애착할 것이 있겠습니까?

저는 마음이 몹시 약해서 죽을 결심을 못 하고 있었습니다. 하지만 '만약 주님의 특별한 은혜를 받아 죽게 된다면 정말 다행일 텐데.'라는 생각을 항상 해왔습니다. 마침내 주님께서 제 소원을 이루어 주시니 이야말로 주님의 특별한 은혜가 아니고 무엇이겠습니까.

다만, 이 세상에서 어머니께 자식 노릇을 못하고 조금치도 뜻을 받들어 모시지 못한 것이 너무나 애달프고, 뉘우쳐도 돌이키지 못하게 되었습니다.

내일이면 이 세상을 영영 떠나게 되니, 어머니 자식 노릇을 할 수 있는 날이 없사옵니다. 이 세상에서 나눈 부모 자식 간의 정이야 어찌 억누를 수 있겠습니까마는, 부싯돌에서 튀어나오는 불똥같이 빠른 세월이니 그리 오래가지는 않을 것입니다. 저의 이 죽음은 어머니께 영원한 복을 누리실 천당 문을 열고, 영원한 즐거움을 누리실 값을 드릴 것입니다. 이 고통의 맛이 비록 쓰고 견디기 어려워도, 변하면 달고 맛있는 즐거움이 된다는 것을 모르실 리 없겠지요.

곧 죽을 자식이 한 말씀 올리자면, 어머니 스스로 영혼과 육신을 잘 보존하시고 참되게 닦으셔서 우리 영혼이 우리 주님 계신 천당에서 영원히 뵙겠다는 것밖에 더 드릴 말씀이 없습니다.

정중(이경중)과 희아(이경언)야, 어머니께 주님 분부처럼 효도하고 순명하거라.

더 할 말 없으니, 곧 영원한 하늘나라에서 만나자.

매형과 누님, 잘 계십시오.

사소한 정에 매여 긴 말 짧은 말을 해 보았자 마음만 아프게 할 뿐 좋을 것이 하나도 없습니다. 두 자만 말씀드리면, '뜨거운 사랑'(熱愛) 말고는 주님의 마음과 통할 것이 없으니, 소원을 이루기는 이것이 제격입니다.

종들아, 다 잘 있거라.

한 사람도 떠나지 말고 하늘나라에서 영원히 만나기 바란다.

제 아들 귀비를 잊을 수가 없습니다.

귀비야, 부디 주님의 말씀을 따르고, 가족들과 흩어지지 말고 함께 있다가 하늘나라에 올 때는 다 같이 오너라.

드릴 말씀은 많아도 다 하지 못합니다.

부디 저의 죽음을 슬퍼하여 마음 상하시지 말고, 영혼과 육신을 평안히 잘 보존하셨다가 하늘나라에서 영원히 삽시다.

※ 이 편지는 1801년 12월 25일(양력 1802년 1월 28일) 쓰인 것이다.

1. 이순이 루갈다가 어머니에게 보낸 편지

홀로 계신 어머니께 머리 숙여 글을 올립니다.

제가 앞으로 어떻게 될지 알 수도 없는 다급한 때를 당해 어머니께 제 심정을 아뢰려 하옵니다. 다 아뢸 수는 없사오나, 제 손으로 몇 자 적어 올려 어머니 곁을 떠나 4년 동안 지내온 심정을 말씀드리옵니다.

어머니, 비록 제가 죽게 되더라도 너무 마음 상하시다가 주님께서 정말 특별히 베풀어주신 은혜로운 분부를 거스르지 마시고, 편안한 마음으로 주님 뜻을 따르셔요. 다행히 제가 주님께 저버림을 당하지 않는 은혜를 받게 되거든 주님 은혜에 감사드리셔요.

나 세상에 살아 진실로 변변하지 못한 자식이었고 쓸데없는 자식이었습니다. 하지만 주님의 특별한 은총으로 순교의 열매를 맺는 날이면, 어머니께서도 자랑스러운 자식을 두었다고 여기실 것이고, 저 또한 어머니의 떳떳한 자식이 될 것입니다.

순교는, 부족하고 못난 자식을 참되고 보배로운 자식이 되게 하는 것이에요. 어머니, 간절히 바라오니, 제발 너무 마음 상하지 마시고 마음 다잡으셔서 슬픔을 억누르셔요. 이 세상을 꿈같이 여기시고, 하늘나라를 우리가 돌아가야 할 본 고향으로 아셔서 조심조심하여 주님 뜻에 순명순명하시다가 삶을 다 마치시면, 못난 자식이 하늘나라에서 영복의 면류관을 받잡고 마중 나가서 가없이 행복한 모습으로 손을 마주잡고 하늘나라로 모셔 들여 함께 영원한 행복을 누리렵니다.

소식을 들으니, 오라버니(이경도)가 사형 판결을 받았다 하던데, 이 얼마나 감격스러운, 주님의 도우심인가요!

주님께 우러러 이루 다 감사드릴 수 없고, 어머니의 복을 찬송합니다.

경이 형제(이경중, 이경언)와 큰언니, 올케 언니에게 의지하시고, 우리 남매(이경도, 이순이)는 생각하지 마세요.

충주댁(이경중 아내)을 아무쪼록 하루 빨리 데려다가 함께 지내셔요.

어머니 곁을 떠난 지 4년에 이 지경을 당하여 그동안의 심정을 다 아뢰지 못하니 그지없이 애달픈 제 마음이야 오죽하겠어요? 이 모두가 주님 뜻이 에요. 우리를 세상에 나게 하심도 주님 뜻이요, 우리의 생명을 거두어 가심도 주님 뜻이니, 죽고 삶에 얽매이는 것은 도리어 웃음을 살 일이옵니다.

어머니, 엎드려 정말 간절히 바라오니, 제발 마음을 너그러이 가지시고 자식 잃은 슬픔을 이겨내셔요. 하늘나라에서 우리 모녀의 정을 다시 이어 영원히 함께 살아요.

올케 언니, 너무 서러워 마셔요. 오라버니가 비록 돌아가시더라도 언니는 정말 남편다운 남편을 두었다는 말을 들을 테니까요.

저는 언니가 순교자의 아내가 되심을 정말 진심으로 하례드려요.

이 잠깐 세상에서 부부가 되었다가, 하늘나라에서는 성인의 자리에 올라 모자, 형제, 남매, 부부가 끝없이 즐거운 삶을 누리면 얼마나 좋겠습니까?

제가 죽은 후에도 전주 시댁과 소식을 끊지 마시고, 저 살아 있을 때와 똑같이 해 주셔요.

전주로 시집온 후, 그 전부터 항상 근심하던 일을 이루었어요. 9월에 시댁에 와서 10월에 우리 두 사람은 동정(童貞)을 지키기로 맹세하고 4년을 오누이처럼 지냈습니다. 그런 중에 육체적인 유혹을 근 십여 차례 받아 하마터면 동정서약을 깰 뻔했어요. 그때마다 저희는 예수님께서 우리 인간들을 대신하여 십자가에서 겪으신 고통과, 피를 흘리신 사랑의 성혈 공로에 의지하여 무사히 그 유혹을 이겨내었답니다.

치명자산 성당 벽화

제 사정을 몰라 답답하게 여기실 것 같아 이 일을 말씀드리는 것이니, 이 편지를 살아 있는 저 보듯이 반겨 주셔요.

제가 순교의 열매를 맺기도 전에 이렇게 붓을 드는 것이 정말 경솔한 짓입니다. 어머니께 제 걱정을 풀어드리고 마음 놓으시게 하려는 것이오니 이 편지로 위로를 삼으셔요.

주 야고보(주문모) 신부님께서 살아 계실 적에, 친정과 시댁이 겪는 고난을 자세히 기록하여 두라 하셨습니다. 감옥에 들어온 후 시동생 요한(유문석) 편에 기록한 글을 보내드렸는데 어찌하셨는지요?

어머니, 정말 간절히 바라고 바라오니, 제발 마음을 너그러이 가지시고 자식 잃은 슬픔을 이겨내셔요. 이 세상은 헛되고 거짓된 세상으로 생각하셔요.

드릴 말씀은 한도 끝도 없지만, 이 편지로는 다 아뢸 수 없으니 대강 이만 아룁니다.

신유 구월 스무 이렛날 딸이 머리 숙여 글을 올립니다.

2. 이순이 루갈다가 두 언니에게 보낸 편지

두 분 언니들께

붓을 드니 무슨 말씀부터 드려야 할지 막막합니다.

불쌍하신 오라버니는 돌아가셨는가, 살아 계신가? 9월 15일에 소문으로 들은 뒤 저도 붙잡혀 옥에 갇힌 몸이라 바깥소식에 감감한 채, 오라버니 소식을 들을 길이 전혀 없어 늘 답답하게 여기고 있어요. 사형 판결을 받았으면 그 사이에 죽임을 당하셨을 것으로 여겨집니다.

돌아가신 분이야 복을 누리고 계실 것이니 걱정할 것은 없겠습니다만, 집안 형편은 어떠하며, 어머니와 올케 언니는 차마 어떻게 견디고 계시나요? 지금 두 분은 몸져누워 계시지나 않는지요?

이 옥에 갇혀서도 가족들을 생각하는 제 마음을 어찌 말로 다 하겠어요?

오라버니 장례는 어떻게 제대로 치를 수나 있었나요? 혹시 아직까지 죽임을 당하지 않으셨다면, 차가운 감옥에서 어찌 견디고 계실까요.

오라버니가 죽임을 당하셨거나 감옥에 계시거나 어머니 애간장은 다 녹아 버리셨겠지요.

희야 형제(이경중, 이경언)와 동아(이경도 아들)는 몸 성히 있나요?

매동(올케 언니 친정) 안부 소식을 드문드문이나마 듣고 계신지요?

안사돈 어른의 오랜 병환은 어떠신가요?

이동(친언니 시댁)에서도 언니 시어른께서 우리 집안(루갈다 시댁)의 참담한 소식을 들으시고 너무 마음 아파하시다가 병환이나 나시지 않았는지요?

형부께서도 몸 평안하시고, 출아(루갈다 언니 자식)도 몸 건강한가요?

모든 분들을 두루두루 다 뵙고 싶은 마음이 문득문득 솟구칩니다.

이 아우는 주님께 지은 죄악이 너무 커 갖가지 험한 일을 골고루 당하는 것이오니, 글로 언니들에게 드릴 말씀은 없습니다.

드릴 말씀이 없기는 하지만 제가 결혼하고 나서 헤어져 살았던 4년 동안 가슴속에 쌓인 이야기를 짤막하게 적어 말씀드리면서 이 세상 하직 인사를 드립니다.

올해 들어 애간장을 태우다가 끝내 이 일이 우리 힘으로는 어찌할 수 없을 만큼 심각해져 시아버님을 여의게 되고 말았습니다. 이런 지경에 이르자 살고 싶은 생각이 없어, 좋은 기회가 오면 주님을 위해 목숨 바칠 뜻을 마음속 깊이 정하고, 이 뜻을 가슴에 새기고 새기며 그 준비에 힘썼어요.

어느 날 느닷없이 들이닥친 여러 포졸과 사령들이 저를 붙잡았어요. 주님을 위해 목숨을 바칠 기회가 없어 염려했는데, 마침내 제 뜻을 이룰 수 있게 되었어요. 주님 은혜에 감사드리며, 기쁘기 한량없었습니다. 그러면서도 갑자기 닥친 일이라 아주 당황하고 있는데, 포졸과 사령들이 급하게 몰아치니, 주위 사람들의 애절한 통곡소리가 천지에 진동하였어요.

친정 홀어머니와 형제, 친구와 이웃, 고향과 기약 없는 영원한 이별을 해야 하니, 정을 미처 떨쳐 버리지 못해 한 줄금 눈물로 서둘러 이별하며 아뜩한 심정으로 돌아서면서, 제가 바란 것은 착하게 살다가 복되게 죽는 것이었습니다.

처음에는 잡아가 수급청(守給廳)에 가두었다가 반나절이 지나서 장관청(將官廳)이란 곳으로 옮기니, 시어머님과 시숙모님, 시동생 형제가 계셨어요. 서로 바라보며 말없이 눈물만 흘리는데, 그럭저럭 밤이 되었어요. 9월 보름이라 가을 밤하늘이 환하고, 창밖의 보름달은 밝아 달빛이 창 안을 환히 비추니, 옥에 갇힌 사람들의 가슴속 생각을 충분히 알 만했지요. 누우나 앉으나 구하고 바라는 것은 순교의 은혜였습니다.

초남리 유항검 생가 마을 / 찹쌀논배미 53마지기

이 소망이 가슴속에 가득하여 각자 하는 말은 한결같았습니다. 시

어머님, 시숙모님, 시동생, 시사촌동생(유중성)과 더불어 다섯 사람이
서로 약속하기를 주님을 위하여 목숨을 바치자 하였고, 각자 결심한
뜻은 쇠와 돌처럼 아주 굳었어요. 서로 마음이 통하고 뜻이 같으니,
가득한 믿음과 사랑이 다섯 사람 사이에 조금도 다름이 없었기에 가
슴에 가득 찼던 설움이 자연히 잊혀지고, 갈수록 주님 은총을 입어
영혼의 기쁨이 넘쳐나 아무 근심 걱정이 없게 되고 마음에 걸리는
잡념이 사라졌어요.

그런데 제 마음에 걸리는 것은 다른 옥에 갇혀 있는 한 사람 요
한이었어요.

그를 못 잊는 것은 다름이 아니라, 집에서 지낼 때 품은 마음을
담은 편지를 보내어 '한날한시에 함께 죽자'는 제 속뜻을 전하고 싶
어서였지요. 하지만 편지를 전해줄 사람이 마땅하지 않아 머뭇거리
다가 미처 전하지 못하였는데, 죄수들끼리 연락을 전혀 못 하게 하
는 바람에 제 편지를 전할 길이 없어졌어요.

마음속으로 구하고 원하며 바라는 것은 주님을 위해 목숨 바쳐
요한과 한날한시에 함께 죽는 것인데, 주님의 은총이 총이 저러하실
줄이야 알기나 했겠어요?

제 시동생은 요한입니다. 10월 9일 요한을 데리고 나가는데 그 까
닭을 알 수 없었어요.

"어디로 데려갑니까?"

"관장(官長)의 명령인데, 큰 감옥으로 데려가서 형제를 한곳에 두
라 하신다."

칼로 잘라내듯이 단박에 데려가려고 하니, "오냐, 저를 어찌하리."
하고 생각하면서 "가서 형님과 함께 계셔요. 서로 잊지 말아요." 하
고는, "저와 한날한시에 같이 죽자 하더라고 요한에게 전해 주셔요."

라고 신신당부했지요. 거듭거듭 부탁하고서는 손을 놓고 헤어졌어요.

남은 네 사람은 서로 의지하여 주님의 도우심만 바라고 있었는데, 얼마 안 되어 남편과 시동생이 죽었다는 소식이 들려왔어요. 두 사람의 죽음에 대한 애통함은 오히려 둘째 치고, 제 남편 요한이 주님께 복 받을 것을 생각하니 정말 기쁘고 기뻤어요. 그러나 '아! 요한이 어떠한 마음으로 죽음에 임했을까' 하는 생각이 들자, 억만 개의 칼이 제 가슴을 도려내는 듯하고, 마음도 갈피를 잡을 수가 없었어요.

반나절이 지나서 주님의 은총을 입었는지 마음이 가라앉았고, '살아서 쌓은 공로가 없지 않으니 설마 주님께서 그이를 아주 저버리시겠는가' 하는 생각에 마음이 놓였습니다.

하지만 그이 생각을 떨쳐버릴 수가 없어 오히려 그 걱정뿐이었어요. 시사촌동생에게 물어보니 그이는 미리부터 순교할 결심을 단단히 하고 있었노라 했습니다.

집에서 기별이 왔어요. 그이의 주검을 거두어 와서 그이가 입고 있던 옷 속을 살펴보니 저에게 보낸 편지가 있었답니다. 그 편지에 신앙을 잘 지켜 나갈 것을 당부하고 위로하며 "누이여, 하늘나라에 가서 다시 만납시다."라는 내용이 있다고 했어요. 그이와 우리의 뜻을 지키며 살아온 지 4년밖에 되지 않았다고 해서 제가 괜히 요한을 걱정했던 것이지요. 그이가 평생 살아온 모습을 돌아보면, 구태여 동정받을 일을 한 적이 없고, 여느 세상 사람들과는 달리 어른스러웠으며, 신심을 부지런히 닦았고, 주님을 열렬하게 사랑하며 성설하였으니 그는 영원한 복을 누릴 만하지요.

제가 여러 해 동안 바라던 소망이 그대로 이루어졌습니다. 제 속마음을 말했더니 그이 역시 어릴 적부터 바라고 있던 것이라 했어요.

우리의 만남은 우리 두 사람 소원을 주님께서
허락하신 특별한 은총이기에, 저희 둘이 주님께
감사드리는 길은 죽음으로써 신앙을 지켜 주님
은혜에 보답하는 것이었지요.

　저희 두 사람은 약속했습니다. 부모님께서 재
산과 가업을 물려주시면, 재산을 서너 몫으로
나누어서 한 몫은 가난한 사람들에게 나누어주
고, 또 한 몫으로 시동생에게 넉넉하게 주어 시
부모님을 모시도록 하고, 세상이 좋아져서 신앙
생활을 자유롭게 할 수 있게 되면 각각 헤어져
살자고 약속하고, 서로 이 약속을 저버리지 말
자고 다짐했지요.

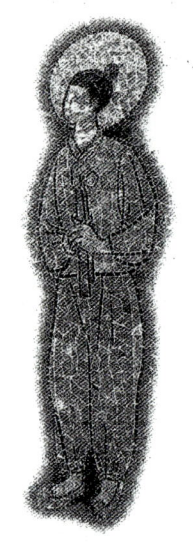

치명자산 성당 벽화

　지난해 12월이었는데, 저희는 육체적인 유혹이 아주 심해서 마음
이 두렵기가 얇은 얼음 위를 걸어가는 듯, 깊은 물가에 서 있는 듯
했어요. 주님을 우러러 그 유혹을 이겨낼 수 있도록 도와달라고 간
절히 기도했지요. 주님의 은혜로운 도우심으로 정말 간신히 그 유혹
을 떨쳐 동정을 온전하게 지켜내었습니다. 저희 서로 믿음이 쇠와
돌과 같이 단단해졌고, 믿고 사랑하는 마음은 태산처럼 흔들리지 않
게 되었습니다.

　친남매같이 지내기로 언약하고서 4년을 지냈는데, 올봄에 그이가
잡혀갔어요. 네 계절이 지나도록 잡혀갈 때 입은 옷을 한 번도 갈아
입지 못했고, 여덟 달 동안 목에 칼을 찬 채 갇혀 있다가 죽을 때가
되어서야 비로소 칼을 벗게 되었어요.

　혹시 그이가 주님을 배반하게 될까 봐 밤낮으로 근심하면서 그이와 함께 죽기를 눈물로써 빌었는데, 어찌 제가 바라던 것이며, 그이가 앞서 갈 줄 알았겠어요? 그이가 주님을 배반하지 않고 죽게 된 것은 더할 수 없는 주님은 총이에요.

이 세상에서는 다시 돌아보아도 마음 둘 데가 없어 생각하는 것은 오직 주님이며, 제 마음이 향하는 곳은 하늘나라뿐입니다.

10월 13일, 저를 관청 노비로 삼아 벽동으로 멀리 귀양 보낸다는 판결을 받았습니다. 저는 관장 앞에 나가서 사실대로 말하고, "우리들은 주님을 공경하니 국법에 죽이도록 되어 있는 대로 주님을 위하여 죽겠습니다." 하였더니, 관장은 빨리 귀양지로 떠나라고 호통을 쳤어요. 저는 다시 관장 앞으로 더 가까이 나아가 앉아 관장에게 목청을 높여 '나라의 봉급을 먹으면서 임금님의 명령에 순종하지 않으신다'는 등 여러 가지 말을 했지만, 관장은 들은 체도 않고 우리들을 끌어내게 했습니다.

우리들은 어쩔 수 없이 길을 떠났고, 길을 가면서 주님께 우리들의 소원을 이루어 달라고 더욱 간절히 기도했어요. 겨우 백여 리쯤 갔다가 다시 잡혀왔습니다. 이야말로 다시 더할 나위 없이 극진한 주님 은총이니, 주님께 어떻게 감사드려야 마땅할까요? 제가 죽은 후라도 언니들은 이 은혜를 주님께 감사드려 주셔요.

감영(監營)에서 있었던 첫 심문에서 저는 주님을 공경하며 죽겠다고 뜻을 밝혔습니다. 즉시 상부에 보고를 올려 지시를 받고는 다시 감영에서 불러내어 사형 판결을 재심하며 제 뜻을 확인하고 나서 한 차례 고문을 가한 다음, 목에 칼을 씌워 다시 감옥에 가두었어요.

매 맞은 정강이에서는 살이 터지고 피가 흐르다가 얼마 안 되어 아픔이 그쳤으니, 은총 위에 또 은총을 받은 것입니다. 바라지도 않았는데 4, 5일이 지나면서 상처가 다 나았어요. 정말 뜻밖이었어요.

고문을 받은 지 이십 일이 지나도록 아주 작은 고통도 없었으니, 고통을 겪고 있다고 하는 말이 저에게는 분에 넘칠 뿐 아니라 실제로는 정반대였어요. 남들이 저더러 고통을 겪고 있다고 말하면, 저는 평안하다고 말하곤 했지요. 어느 누가 집에 앉았어도 이같이 마음이 평안할까요? 돌이켜 생각하면, 불안하고 두려워요. 혹시 주님께서 나를 버리셨나, 엄청난 형벌이 곧 닥치려나 하는 생각에 어쩔 줄을 모르겠어요.

상부에 보고를 올린 지 이십여 일이 되어도 아무 소식이 없고, 오히려 살아서 나갈 가능성이 많다는 부질없는 뜬소문만 언뜻언뜻 들립니다. 주님의 도우심만 바라고 설마 주님께서 나를 버리시랴 생각하며, 어서 빨리 조정에서 지시를 내려 죽기만 바라고 있습니다.

심란한 마음으로 감옥에 들어앉아 겨우 겨우 틈을 타서 몇 자 적는 이 편지를 제 얼굴처럼 보시게 하여 영원한 이별을 슬퍼할 언니들을 위로해 드리려고 합니다.

자연히 말이 많아 횡설수설하면서 짤막하게 써 보내니, 제가 그리울 때면 저를 보듯이 펴 보셔요.

우리 형제가 이듬해에 만나자 약속하고 이별한 지 4년이나 될 줄은 꿈에도 생각하지 못했어요. 이로 보면 세상일은 미리 말할 수 없나 봅니다.

4년밖에 안 되는 이별의 아픔도 견디기 어렵다 했지만, 이제 다시는 만날 수 없는 영원한 이별은 더욱 어떻겠어요.

아무 짝에도 쓸모없는 동생 때문에 괴로울 정도로 마음 상하실 것입니다. 언니들은 마음이 넓어 슬기롭고 어지시니 설마 못 참으시겠어요? 마음을 편안히 가라앉히시리라 믿고 염려하지 않겠어요. 그래도 언니들을 생각하게 되면 오히려 마음이 쓰이니, 제발 쓸데없이 잡생각은 하지 마셔요.

부모 자식 간, 형제간의 정은 무엇이라 말하기도 어렵고, 죽기 전에는 끊을 수도 없지요. 언니들이 조금이나마 주님을 따르는 데에 열심이면 인간의 정 같은 쓸데없는 것에 마음을 쓰겠는가 생각하면서도 정 때문에 그럴지도 모른다고 염려하는 제 자신을 탓합니다.

언니들 마음이야 오죽하겠습니까마는, 만일 제가 순교하는 은혜를 받으면 서러워할 것이 없으니, 서러워하지들 마시고 축하해 주셔요.

어머니와 언니들이 애통해하실 것을 염려하고, 이 감옥에 갇혀서도 차마 그 모습을 잊지 못하여 유언을 말씀드리니, 죽음을 앞둔 이 마지막 말을 저버리지 마셔요. 정말 간절히 바라오니, 제가 죽었다는 소문을 들으셔도 너무 슬퍼하지 마셔요.

하찮은 자식이요 미련하고 못난 동생으로서 감히 주님의 자녀가 되고, 의로운 사람의 자리에 들며, 하늘나라 모든 성인들의 벗이 되고, 초라한 옷차림으로 하늘나라 잔치에 참여하면 이 얼마나 큰 영광인가요? 이 영광은 얻으려고 하여도 얻기 어려운 것입니다. 자식과 동생이 임금의 은총만 입어도 축하할 일인데, 하느님께서 총애하시는 자식을 두게 되면 이 얼마나 축하할 일인가요? 임금님께 은총을 받으려고 서로 다투기까지 하는데, 구하지도 않은 은총을 받으면 뜻밖의 은혜가 아니겠어요?

저는 하늘땅 어디에서도 찾아볼 수 없는 큰 죄인입니다. 이 세상에서는 벽동에 귀양 간 죄인으로서 관청의 종이라는 이름을 평생 벗어날 길이 없게 되고, 주님께는 배은망덕한 죄인이 되었다가, 만일 이처럼 이 세상에서의 삶을 잘 끝마쳐 주님을 위해 목숨 바친다면, 한꺼번에 모든 죄를 말끔히 씻고 만복을 누리는 하늘나라로 갈 것이니 어찌 서러워할 일이겠습니까?

관청 종의 언니라고 부르는 말과 순교자의 언니라고 부르는 말이 서로 어떠합니까? 어머니께서도 사람들이 순교자의 어머니라고 부르면, 이 이름이 얼마나 좋을까 싶사옵니다.

제가 감히 주님을 위해 목숨을 바쳐 순교하게 된다면, 그 특별함은 어느 누구의 순교에 비교할 수 있겠습니까? 다른 성인들은 마땅히 할 일이겠지만, 감히 그런 고귀한 일을 하찮은 저에게도 주님께서 허락하시면, 그런 황송한 일이 있을 수나 있겠습니까?

제가 죽은 것을 살아 있는 것으로 여기시고, 살아 있는 것을 죽은 것으로 여기셔요. 저를 잃음을 서러워하지 마시고, 지난날에 주님을 잃은 채 지내던 것을 서러워하시면서 다시 주님을 잃을까 염려하셔요. 언니들의 온갖 설움보다는 도리어 지난날의 잘못을 눈물로 뉘우치며 힘껏 지난날의 잘못을 기워 갚으시고, 성모님께 의지하고 마음을 기쁘고 편안하게 하여 주님 영광을 드러내는 증인이 되도록 힘쓰셔요.

모든 일마다 편안한 마음으로 주님 분부를 따르시면, 이런 설움을 주셔서 믿음을 단련시키려고 하셨던 주님의 본뜻에 맞아, 주님께서는 반드시 언니들을 사랑하시며 위로해 주실 것입니다.

주님 은총을 얻고 공을 세울 기회에 쓸데없이 슬픔에 빠져 주님께 죄를 짓게 된다며, 주님 은총을 얻을 수 있을까요? 모든 행동거지를 살피고 또 살펴 모든 일마다 주님 뜻에 철저히 순종하시고, 편안한 마음으로 이미 지은 죄를 기워 갚으시고, 선행으로 공로를 쌓으셔요. 비록 작은 허물이라도 큰 허물처럼 살펴서 큰 죄를 지은 것처럼 깊이 뉘우치시며, 선행을 할 수 있는 기회라면 작은 선행이라도 소홀히 하지 마시고, 오로지 주님의 도우심에 의지하며, 착하게 살아 복되게 죽기로 마음먹도록 하셔요.

항상 언제나 힘껏 뜨거운 사랑을 실천하시고, 깊이 뉘우치는 뜨거

운 사랑이 아주 없을지라도 힘써 사랑을 실천하면서 주님께 간절히
구하면, 주님께서 착하게 살아 복된 죽음을 맞을 수 있는 은혜를 베
풀어 주십시다. 한때나마 방심하였거든 깊이 뉘우치고 깨우쳐서 열심
히 주님께 뜨거운 사랑을 드리면 점점 주님께 가까워지실 것이에요.

주님께서 우리들 소원을 허락해 주셔서 주님도 뵙고, 그렇게 지내
시다가 형제 모녀가 곧 만나면 얼마나 좋겠어요.

남을 용서하며 자신의 죄를 잘 살피고 화목에 힘써, 어머니께서는
주님 뜻에 맞는 노인이 되시고, 언니들은 주님께 사랑받는 딸이 되
시면 좋지 않겠어요?

올케 언니, 오라버니가 돌아가셨어도 너무 서러워 마셔요. 마음을
가라앉히셔서 쓸데없이 마음 상하지 마시고, 주님 은혜를 감사드리
셔요. 양쪽 집안 어른들을 보살피시고 어려운 집안을 돌보시며, 힘껏
깊이 뉘우치시고 부지런하고 열심히 본분을 다하시며, 용감하게 슬
픔을 떨치고 일어나 오라버니의 뒤를 좇아 따르기를 힘쓰셔요.

감옥에 함께 계신 제 시숙모님께서는 딸도 없이 외아들만 두셨는
데, 이제 우리와 마찬가지로 주님을 위해 목숨 바치기로 결심하고,
같이 형벌을 받으며 함께 갇혀 있지만, 극진한 마음으로 주님의 분
부에 순종하며 태연한 자세를 보이고 계십니다. 저러하신 분들로 본
보기를 삼으시고, 우리 인자하신 성모님과 이미 성인이 되신 분들을
모범으로 본받아 쓸데없는 일에 마음을 두지 마셔요.

큰언니 내외가 당하신 처지도 견디기 어려우시겠지만, 선행으로
공로를 세우기는 그런 처지가 더 좋아요. 참기도 많이 참으셨겠지만,
시작도 좋아야 하거니와 끝이 더욱 좋아야 해요. 앞으로 조심하여
이미 세운 공로를 잃지 마시고, 극심한 고난이 닥쳐와도 마음을 넓

게 가지시고, 주님의 분부를 생각하여 주님께서 갚아 주시리라 믿으시고, 조급한 생각을 아예 떨쳐버리면, 아무리 힘든 일이라도 힘들지 않을 것이에요. 이처럼 마음을 쓰시면 좋을 듯합니다. 다른 덕도 구하는 것이 좋으나, 믿음·소망·사랑 이 세 가지가 가장 중요한 덕이에요. 믿음·소망·사랑 이 세 덕을 진실하게 실천하면, 다른 덕들은 자연히 따르게 됩니다.

형부께서는 요사이 어떠하신가요?

언니 신세를 생각하면 제 마음이 아파요. 비록 언니 마음에 들지 않더라도 형부 말이 죄 되는 것이 아니라면 좋은 마음으로 형부 뜻을 받아들여 부부의 화목을 잃지 마셔요.

저는 5년 전에 결혼하여 4년 동안 살면서 우리 내외는 한 번도 서로의 뜻을 바꾸어 본 일이 없고, 집안사람들과 서로 싫어해 본 적이 없었어요.

드릴 말씀은 많고 많은데, 저를 불러들이라는 소리가 들리는 듯 바깥이 소란스러워서 마음을 졸이며 겨우 겨우 편지를 쓰는 형편이라 어머니께 따로 편지를 올리지 못 하옵니다.

어머니 곁을 떠난 지 4년 동안의 심정과 그 사이 많은 이야기들을 만에 하나나 쓰지만, 옥중 죄인들을 열 번을 불러대면 그때마다 저를 부르는 것만 같아 편지를 쓰다가 깜짝깜짝 놀라 몇 번을 중단하면서 썼으니, 말이 제대로 되는지 마는지 하더라도 저의 친필을 보시면 언니들이 반가워하시리라 여겨 어렵사리 틈을 타 쓰고 있어요.

주님 은혜가 무한하여 저를 버리지 않으시면 순교하는 은혜를 얻게 될 것입니다. 오라버니도 그렇게 되면, 어머니보다 먼저 두 자식이 하늘나라에 오르게 되니, 설마 어머니를 하늘나라로 모셔 가도록 애쓰지 않겠사옵니까?

제가 비록 죽은들 어머니와 언니들을 어찌 잊겠습니까. 제가 만일 바라던 대로 된다면 어머니와 언니들을 뵙게 되련만, 그럴 수 있는 공로가 없으니 복된 죽음을 맞기 전에는 장담을 못 하겠습니다.

올케 언니도 오라버님이 돌아가셨거든 이 세상의 정에 치우쳐 서러워만 마셔요. 부부는 한 몸이라 남편이 하늘나라에 올랐으니 어련히 아내를 인도하실 것 아니겠어요? 그러니 선행에는 게으름을 피우고 쓸데없이 슬픔에만 젖어 허송세월하여 하느님과 오라버니께 근심을 끼치지 않도록 하셔요.

동아는 우리 오라버니의 하나뿐인 피붙이여서 남의 아들보다도 귀중하니 육신과 영혼을 잘 돌보고 키워서 장가들여 훌륭한 아녀자의 어진 지아비가 되도록 해주셔요.

희아는 어떻게 사나요? 이 동생 형제들이라도 어떻게든 글자를 가르쳐 선량한 사람으로 만들어 서로 의지하며 살도록 해주셔요.

충주 올케를 데려다가 서로 의지하며 화목하고 친애하여 마음을 붙이고 홀어머니를 위로하며 지내시면 죽은 후라도 제 마음이 즐거울 것입니다.

저는 어려서부터 이십 년 동안 병 없는 날이 없었고, 일마다 어머니께 불효만 끼치다가 끝내 자식 도리도 못 하고 이 세상을 떠납니다. 언니가 제 몫까지 대신하셔서 착실히 어머니를 효성으로 모셔주셔요. 육신을 정성껏 모시는 것도 좋지만, 마음을 편히 모시는 것이 더욱 좋아요. 그래서 증자(曾子)의 효가 증원(曾元)의 효보다 낫다고들 하지요. 제가 시부모를 모시고 살아보니, 어른들은 뜻을 받들어 드리는 것을 가장 좋아하셨어요. 집안이 궁핍하여 뜻대로 봉양하지는 못하더라도, 어머니 마음을 잘 받드시고 위로하며 보살펴드리면, 흐려진 정신도 곧잘 맑아지실 것입니다. 혹 정신이 맑지 못하여 그르치는 일이 있더라도 사리를 따져서 말씀드리지 말고, 따뜻하고 부드러운 표정으로 간곡하게 말씀드려 보셔요. 아무리 서러울지라도 어머니를 생각해서 설움을 감추시고 어떤 때는 어리광도 부리고, 어떤 때는 억지로라도 우스운 말도 하여 어머니를 잘 보살펴 주셔요.

어린 동생들은 오라버니께서 돌아가신 다음에는 언니에게 의지할 수밖에 없으니, 오라버니께서 하셔야 할 일까지 언니가 맡아 너그럽고 슬기롭게 가르쳐서 아무쪼록 결혼하여 집안을 잇고, 열심히 살며 사리분별이 분명하고 의젓한 사람이 되게 잘 보살펴 주셔요.

어머니와 두 동생은 올케 언니밖에 부탁할 사람이 없습니다.

오라버니께서 순교하시고, 저도 다행히 주님의 은혜로 복된 죽음을 맞게 되면, 우리 남매는 하늘나라에서 만날 것입니다. 어머니를 착하게 사시도록 도우셔서 여생을 잘 지내시고 복된 죽음을 맞는 은혜를 받아 우리 어머니와 자식들과 형제들이 하늘나라에서 즐겁게 만날 수 있도록 애써 주셔요.

올케 언니, 간절히 부탁드려요.

언니가 어련히 잘하시겠지만, 제 부탁을 염두에 두시고 두 배로 더욱 잘해 주셔요.

부모를 모시는 사람은 섧다고 설움을 그대로 다 드러내지 못하는 것이오니 이것을 마음에 새겨 두셔요. 이 말은 언니를 예사로이 여겨서 드리는 말이 아니라, 언니가 설움이 많은 사람이시기에 걱정이 되어 하는 말이에요.

매동 어르신께서는 어떻게 견디고 계신지요? 그 어르신의 처지도 말 못 할 딱한 처지이십니다.

요한 오라버니도 어떻게 겨우 겨우 견디시겠지요. 요한 오라버니에게 향하는 저의 정은 죽음을 앞둔 지금까지도 잊지 못하겠어요. 제가 이 세상에서 누구에게 복종하지 않겠습니까마는, 제가 가장 마음으로 복종하고 좋아하는 사람은 요한 오라버니이고, 여자로는 아가다 성녀입니다.

여기서 요한 오라버니를 남들은 제 남편이라고 말하지만 저는 저의 참된 벗이라고 여기니, 만일 요한 오라버니가 하늘나라에 올라갔다면 저를 잊지 않고 있을 것이 분명해요. 요한 오라버니는 이 세상에서 함께 살 때 저를 위한 마음이 지극하였으니, 하늘나라에서 살고 있으면 만복을 누리는 중에도 제가 고통에 못 이겨 남몰래 오라버니를 부르는 제 목소리가 귓가를 떠나지 않을 것이에요. 제가 평소 다짐했던 우리 약속을 저버리지 않는다면, 이번에는 우리가 서로 떨어져 살지 않을 것입니다.

언제쯤 이 감옥에서 나가서 대군 대부이신 하느님과 천상모후이신 성모님, 사랑하던 시아버님, 시동생, 참된 벗 요한을 만나 즐거움을 나눌 수 있을까요? 그렇지만 엄청나게 큰 죄악을 저지른 죄인이 바라고 바란다 해서 뜻같이 쉽게 될 리 있겠습니까.

서러운 일도 많고 많아 글로 쓰려고 하면 소나무 대나무도 말라 버릴 정도입니다.

우리 시누이는 호화롭게 지내던 몸이 부모 동생 다 잃고 집안 재산까지 나라에 빼앗겨 그 넓고 큰 집을 떠나 다 쓰러져 가는 초가집에서 불쌍하신 숙모님과 연세 높아 정신마저 흐린 할머니를 의지하고 있어요. 혼인하고서도 아직 시댁으로 못 가고 있는데, 시댁에서는 데려가니 못 하니 하고 있으니, 정말 가련하고 불쌍한 신세를 어찌 이루 다 말할 수 있겠어요.

파가저택 된 유항검 생가 터

세 시동생 9세(섬이), 6세(일석), 3세(일문)인 어린아이를 흑산도, 신지도, 거제도로 각각 멀리 귀양 보냈으니, 이런 안타깝고 애절한 처지를 차마 어찌 볼 수 있겠어요.

시어머님, 시숙모님, 서울에 가 계셨던 시사촌동생은 모두가 한마음 한뜻이기에 서로 도와 이 고난을 이겨내고 있어요. 함께 진술하고, 함께 심문받고, 함께 형벌을 받고, 함께 옥에 갇혔으니 끝까지 함께하게 될 것 같아요.

큰언니가 우리 어린 남매 중에 저에게 주신 정은 아주 남달랐으니, 언니가 저를 품에 안아 기르신 까닭이라고 하셨지요. 저도 마찬가지로 그러니, 그럴수록 제가 죽는 것을 서러워하지 마셔요. 요행히 주님 은혜로 하늘나라에 오르게 되면, 언니가 부지런히 착한 공을 쌓으셔서 복된 죽음을 맞으실 때 제가 손을 마주잡고 하늘나라로 모셔 가렵니다.

이 세상 하직 인사를 드리려고 붓을 드니 온갖 하고 싶은 말은 그칠 길 없지만, 하고픈 많은 말은 한 번에 다 쓰기 어려워 다만 그칠 따름입니다.

앞으로 죽을 때까지 착한 일로 공을 쌓으시고, 몸 건강하시고 영혼과 육신을 정결하게 하시어 다 함께 하늘나라에 가서 대부모이신 하느님과 부모님을 즐겁게 모시고, 형제가 영원히 함께 살면서 즐거움을 누리기를 바라고 바라며, 죽어서도 끊임없이 주님께 간절히 청하겠습니다.

'행여나 내 소원대로 순교하지 못하고 살게 되면 어찌 할꼬' 하는 이 두려움을 떨쳐 버릴 수 없으나, 언니들은 제가 죽어도 서러워들 마셔요.

제가 감옥에 잡혀왔을 때는 제가 바라는 대로 곧 주님을 위해 순교할 수 있을 것이라고 생각하고는 사정이 급박해 겨를이 없는 중에 어머니께 하직인사로 몇 자 적어 올리는 것이옵니다. 이 편지를 보신 후에 이동 큰언니에게도 보여 주셔서 저를 보듯이 읽으라고 하셔요.

편지에 잔뜩 장황하게 늘어놓은 많은 말로 자신은 착하지도 못하면서 남들에게는 착하라고 권했습니다. 참으로 저야말로 길가 장승처럼 사람들에게는 길을 가르쳐 주면서 자기는 자신 길을 가지 못하는 것이나 다름없습니다.

그러나 죽음을 앞둔 사람의 말은 참되다 하지요. 곧 죽게 될 제가 드리는 이 말이 그르지 않을 것이니 꼭 명심해 주셔요.

1. 이경언 바오로가 쓴 심문기

늘 생각하기를 주님을 위해 목숨 바치기라도 하면 지은 죄악을 기워 갚을 수 있을까 하며 지내왔습니다. 4월 21일 너무도 갑작스럽게 날이 저문 후에 김성집을 앞세워 서울과 지방 포교 10여 명이 저를 붙잡아, 무침다리에 있는 사관청(士官廳)에 앉혀 놓고 심문했습니다.

"성화(聖畵)를 그렸는가?" 묻기에, 일이 하릴없이 된 줄을 알아채고 제가 그렸다고 했습니다.

그날 밤에는 대강 심문하고, 이튿날 포장(捕將)이 저를 불러내었습니다.

"네가 천주학을 한다는데 맞느냐?"

"그렇습니다."

"누구에게서 배웠느냐?"

"형이 신유옥사 때 이 일로 죽었고, 어릴 때 조금 듣긴 했지만, 나이 들어서는 이미 처형당한 조숙을 알게 되어 그에게 1년 남짓

배워서 마음속 깊이 익혔습니다."

"이제라도 천주학을 하지 않으면 살 수 있을 것이다."

"그렇게는 못 하겠습니다."

관장(官長)이 물었습니다. "어제 진술한 것이 다 사실이냐?"

"사실입니다."

심문을 마치고는 옥에 가두라 했습니다.

잡혀온 지 사흘 되던 날 포장이 영장(營長)에게 보고를 올려 지시를 받고, 그날 해 질 녘에 압송되어 동작리를 건넜습니다.

저는 사흘 동안 먹은 것도 없고 밤낮으로 애를 쓴 탓에 기진맥진한 상태였습니다.

성방에서 자고, 이튿날 김성집과 포졸 일행들 모두 6명이 일찍 떠났습니다.

앞길을 바라보니 가족에 대한 정이 남아 눈물을 흘리며 마음을 굳게 다졌지요.

"예수님께서도 십자가를 지고 가셨는데 내 어찌 이 길을 마다할까 보냐. 걸음걸음 예수님을 따르리라."

이렇게 스스로 다짐하고 나니 몸과 마음이 진정되었습니다.

하루 백 리 길을 걸어 붙잡힌 지 18일째 되는 날 저녁 전주 진영에 도착하여 잠깐 쉰 후 불려 나갔습니다. 영장이 앉고, 좌우에 나졸 수십 명이 횃불을 밝히고 있었습니다. 마치 예수님께서 올리브 동산에서 잡혔을 때의 모양 그대로인 듯하였습니다.

관장은 성명과 조상 4대를 다 묻고 나서 저를 옥으로 돌려보냈습니다.

토포청(討捕廳) 더운 방에 밥도 잘 차려 주었지만 두어 술 뜨고 누워 있는데, 손발에 쇠고랑을 채우고 목에 큰칼을 씌워 가두니 도로 심신이 산란해 잠을 이루지 못했습니다.

붙잡힌 지 19일째 되는 날, 날이 밝자 영장이 저를 불러내어 심문했습니다.

"성화는 얼마나 그렸고, 패거리들은 몇 놈이냐? 책은 얼마나 가지고 있는지 자세히 아뢰어라."

"성화는 조숙이 이름 모르는 황가를 추천하여 그려 달라고 하기에 그려 주었고, 황가가 김성집을 추천하기에 작년 2월에 두 장 그려 주었습니다.

천주학쟁이들은 이미 나라에 죄를 지어 벌을 받은 집안 자손이라, 친인척들과 친구들에게 버림을 받았고, 상민들까지도 다 침을 뱉는 터라, 사귀어도 남남처럼 굴어서 서로 멀고 친한 이도 없는데 어찌 무리를 지을 수 있겠습니까.

책은 본래 없었으며, 오직 말로 배워 마음속에 책이 있을 뿐, 내놓을 책은 없습니다."

"터무니없는 말이로다. 무식한 상놈들도 책을 삼사십 권씩 다 가지고 있는데, 너라고 없겠느냐. 호되게 매질을 당하고 싶으냐. 바른대로 자백해라."

"매를 맞아 죽는다 해도 제게는 무리도 없고 책도 없습니다."

성화 오십여 벌과 성경과 성패(聖牌) 한 짐을 내어놓고 물었습니다.

"이 성화는 다 네가 그린 것이렷다."

"그러하오이다."

영장은 저를 옥에 가두라 하고는 즉시 감영(監營)에 갔습니다.

한밤중에 감영 장관청(將官廳)에 불려 나갔습니다.

그때 누님 생각이 났습니다.

"오냐, 누님을 따르자. 정말로 누님이 나를 이곳에 데려왔을 거야."

이 생각에 저는 아주 기쁘면서도 슬펐습니다.

얼마 안 있어 관찰사가 저를 불러내어 영장이 어제 했듯이 심문 하자 대답하였습니다. 그 위엄 있는 차림이 진영(鎭營)에서보다 열 배나 더하였습니다.

관찰사가 물었습니다.

"네 뜻에 변함이 없느냐?"

"그렇습니다."

"천주가 무엇이냐?"

"천주는 하늘과 땅, 천신과 사람, 만물을 만들어내신 대군 대부이 십니다."

"네가 그것을 어떻게 아느냐?"

"가까이로는 우리 몸을 살펴보고, 멀리로는 만물을 보면, 어찌 천 지만물을 만들어내신 분이 안 계신다고 하겠습니까."

"네가 천주를 보았느냐?"

"어찌 보고서야 믿겠습니까. 사또께서는 이 선화당(宣化堂)을 지 은 목수를 보셨습니까? 오관(五官)이라 하는 것은 소리 색깔 냄새 맛이나 분별하지만 형체를 볼 수 없는 의리는 마음이 분별합니다."

한참 저를 보다가

"네가 배운 것을 다 말해 보아라."

"십계(十誡)와 칠극(七克)을 알고, 아침저녁으로 주님께 드리는 기 도문을 압니다."

"그런 것은 다 들었다. 너는 끝내 신앙을 버리지 못하겠느냐?"

"못 합니다. 자식이 아비를 섬기지 않고, 신하가 임금을 섬기지 않 으면 불효 불충이 되는데, 어찌 사람이라고 일컬으면서 천주를 섬기 지 않을 수 있겠습니까."

"너는 죽기가 무섭지 않느냐?"

"어찌 무섭지 않겠습니까."

"그런데도 왜 천주학을 버리지 못하겠느냐."

"그 까닭은 아까 아뢰었으니, 다시 묻지 말아 주십시오. 죽을 따름입니다."

즉시 저를 전주부(全州府)로 돌려보냈습니다.

이튿날 전주 본관사또와 고산, 곡성, 동복, 정읍 다섯 고을 사또들이 앉아, 좌우 나졸들을 물리치고는 저를 그들이 앉은 자리 밑으로 가까이 다가앉히고 전주 본관사또가 조용히 물었습니다.

"너 같은 양반의 자식은 저 무지한 백성과 다르고, 용모도 고만조만 곱게 생겼는데, 어찌 그 고약한 천주학을 한단 말이냐."

"의리로써 말씀드리면, 천주학은 신분이 높고 낮음과 귀하고 천함이나 용모가 반듯하고 못생긴 것과는 아무 상관이 없고, 다만 슬기롭고 총명한 영혼이 사리를 밝게 분별하는 데 있습니다."

전주 본관사또가 "천주학에 무슨 의리가 있겠는가." 하고, 동복사또가 "너는 그 의리를 말하라." 하기에, 참 천주의 계심을 확실히 아는 것, 인간의 본성을 깨달아 아는 것, 죽은 후의 상벌에 대한 요지를 말하고 십계를 간략하게 설명하였더니, 전주 본관사또가 말했습니다.

"다 실없는 말이다. 영혼도 없고, 천당 지옥도 없고, 천주도 없다. 그리고 부모 조상에게 제사도 안 드린다 하고, 재물과 아내를 공동으로 소유한다 하니, 그렇게 윤리도덕을 망치는 사악한 학문이 어디 있느냐."

이 말에 저는 대답했습니다.

"제사를 지내지 않는다는 것은 맞지만, 재물과 아내를 공동으로 소유한다고 하신 것은 결코 그렇지 않습니다. 제사는 부질없는 일이라 천주교에서 금한 것입니다. 사람이 한번 죽음에, 착한 자의 영혼은 천당에 가고, 악한 자의 영혼은 지옥에 갑니다. 한번 들어가면 마음대로 나오지 못하니 일반사람들은 그런 곳이 있는지 알 수 없을 것입니다. 영혼은 형체가 없는데 어찌 형체가 있는 것을 먹을 수 있겠습니까. 우리가 듣기에, 신주(神主)는 목수가 만든 것이라 도리어 조상에게 욕된다 하기에 신주를 모시지 않는 것이 당연한 도리라 여겨 그대로 믿었습니다.

재물과 아내를 공동으로 소유한다는 말은, 재물을 서로 나누지 않으면 가난한 이들이 어찌 살 수 있으며, 여자를 탐하는 것은 십계명에 금하였고 또 사람의 도리에도 어긋난 것이니 남의 아내도 원치 말라 하였는데, 어찌 그런 도리가 있을 수 있겠습니까. 짐승도 아닌데 어떻게 그런 짓을 하겠습니까. 정말 원통하고 원통합니다."

본관사또가 말했습니다.

"너는 팔십 먹은 늙은 어미도 있고, 처자도 있다 하니, 이제라도 신앙을 버리겠다는 한 마디만 하고 살아 나가서 늙은 어미와 처자를 보면 좋지 않겠느냐?"

"부모를 만나려면 천주를 배반해야 하는데, 천주는 대부모이시고 제 어머니도 천주께서 내셨으니 어찌 천주께 은혜를 저버리고 배반할 수 있겠습니까."

그런 말로 반나절을 묻고 대답한 후 금제청(禁制廳)이란 곳에 가두었습니다.

그 후 3일 만에 전주 진영에서 다시 불러내어 법정에 살벌하게 형틀을 차려 놓고 심문을 하였습니다. 패거리들의 이름을 말하고, 신앙서적을 바치고, 천주를 배반하라고 닦달하며 형틀에 올려 매고 수없이 마구 매를 내려쳤습니다.

기운이 다 빠져 말하기가 힘겨운데 겨우 대답했습니다.

"아는 천주학쟁이도 책도 없고, 천주는 배반하지 못하겠습니다."

그러자 영장은 그만 하옥시키라고 지시하였습니다.

이튿날 또 불러내어 위협하며 어제처럼 사실대로 말하라고 한참 동안 윽박지르다가, 영장이 버럭 성을 내며 나졸에게 시켜 가까이 데려오라 하니, 저는 겁도 나고 무서워서 기절하고 말았습니다. 여러 나졸들이 저를 메어다가 대청에 뉘여 놓고 주물러 깨어나니 날은 이미 어두웠습니다.

이튿날 전주부로 불러내어 업혀 와서 모든 낌새를 살피니 저를 죽이려고 하는 분위기가 강하게 느껴졌습니다.

즉시 본관사또와 조사관이 또 불러내어 감영에서 올리는 심문보고서와 판결문을 읽어 주며,

"아무쪼록 살려 주려고 하니 한 말만 해라. 다른 수백 놈들은 다 천주학을 하지 않겠다고 하는데, 너만 고집 부릴 무슨 뾰족한 수라도 있느냐?"

"저는 천주학을 버리지 못합니다."

여러 말을 무수히 한 끝에 부질없이 다짐을 받고 또 받고 하기를 사흘 동안 그렇게 한 후 진영에서 또 심문한다 하니 일이 어떻게 될지 알 수 없습니다.

그런 동안에 성모님의 도우심만 바랐지만, 유혹도 아주 심하여 죽음과 삶의 사이에서 주춤거리며 밤낮 괴로워하였는데, 어제부터는 두려움이 줄어들고 몸과 마음이 안정되니 얼마나 크신 주님 은총입니까! 겨를 없이 주님께 감사드리고 있습니다. 주님께 무엇으로 이 은혜에 보답할까요. 오직 죽음밖에 없습니다.

쌓인 말이야 무궁하지만 다 쓰지 못합니다.

5월 6일 진영에서 전주 본관으로 옮겨온 후 본관사또와 여러 조사관이 세 번 심문하면서 저를 살려 주려고 무수히 달래고 꾀다가,

끝내는 금제청이란 곳에 가두고서 송장 같은 저를 착실히 먹였지만, 저는 아무리 먹으려 해도 애만 썼지 먹지를 못했습니다.

5월 13일 50여 명이 심문을 받는 끝에 오후 서너 시쯤 되었을 때 저를 불러내어 형틀에 올려 매고는 관장이 "네가 끝내 깨닫지 못하겠느냐?" 하고 묻기에, "다시 더 깨달을 것이 무엇이 있겠습니까." 하고 대답하니 더 묻지 않고 형틀에 올려 매었습니다.

열정이 없고 기질이 약한 몸이라도 특별히 주님 은총을 입어 형틀에 오르면서 다만 마음속으로 예수님의 십자가를 그리며 매 맞으심을 생각하고는 매를 맞을 때마다 성모님을 불렀습니다. 20대가 넘으면서 정신이 가물가물해지자, "주님, 간절히 바라오니 제 생명을 거두어 주십시오." 하고 기도를 올렸습니다.

정해진 매질을 다한 후에 형틀에서 끌어내려 수십여 근 되는 큰 칼을 씌워 끌고 가 문간에 앉히니 겨우 정신을 차렸습니다.

제가 걸으려고 하니 제 감관(監官)과 구경하던 아이가 좌우에서 부축하여 십여 걸음을 걷다가 도저히 못 걷자, 그 아이는 애처로운 표정으로 저를 둘러업고 제 감관은 칼머리를 들고 금제청 방에 왔습니다. 그 아이가 저를 안고 제 감관과 갇혀 있던 교우 아이와 여러 사람이 주무르며 매질에 난 상처를 동이려 할 때, 제가 눈을 떠 보니 두 정강이가 모두 헤어지고 피가 고여 있었습니다.

슬프다! 예수님께서는 기력이 나보다 나으셨을 리 없고, 갈바리아 동산에서 피땀을 흘리셨으며, 채찍을 맞으시며 십자가를 지시고도 높은 산꼭대기를 천여 걸음을 걸어가셨지만, 누구 하나 예수님을 불쌍히 여긴 이 없고, 교우 하나 예수님을 돌보아준 이 없건마는, 저 같은 아주 몹쓸 죄인을 이처럼 주위 사람들이 돌보아주게 하시어 깨어나게 해주셨습니다. 저는 어떻게 감사드려야 할지 모르겠습니다.

하늘의 천사와 성인과, 우리 교우들은 나를 대신하여 주님께 감사드려 주십시오.

시간이 지날수록 주님 은총을 받아 얼마 지나지 않아 아픈 통증이 그쳤습니다. 오늘로 사흘이 되었는데 매질에 생긴 상처가 심하게 아프지는 않지만, 다리를 쓰지 못하고 무거운 칼이 몸을 눌러 무척 힘들기는 해도 음식이 평소와 같고 마음도 평안하니, 성모님의 도우심이 아니고서야 어찌 제 힘으로 이럴 수 있겠습니까? 이가 무는 것도 견디지 못하던 위인이었는데 제 자신도 모를 일입니다.

5월 15일 상부에 보고서를 올렸답니다. 20일쯤 온다고 하니 어떻게 지시가 내릴지 알 수 없습니다.

감감히 들어앉아 주님의 은혜만 바랄 따름이지만, 아무 공로가 없는 큰 죄인이니, 주님의 분부가 어떠하실지 모른 채 이 세상 마칠 날이 가까워질수록 죽기가 무섭고 두렵습니다. 이것은 다름이 아니라 저의 죄가 아주 무겁기 때문입니다.

5월 15일은 아무 일 없이 지나고, 16일에 자고 나니 다리가 조금 가볍고 통증이 제법 줄어들었습니다. 갈수록 제게 주시는 주님 은총에 어떻게 감사드려야 할까요. 고산 활곡 사람인 윤영득이라 하는 아이가 함께 갇혀 있는데, 온갖 심부름 수발을 다 해줍니다. 이것도 주님의 은총이니 어떻게 감사드려야 할지 모르겠습니다. 게다가 잘 모르는 교우들도 가끔씩 찾아와 어떤 이는 돈도 주고 위로도 해주어 조금이나마 좋았는데, 내일은 여러 곳으로 흩어 귀양을 보내어 다 헤어질 것이라는 소문이 있습니다.

모두 140여 명이라 합니다. 그중에 죽임을 당할 사람이 아홉 명인데, 허대원, 이성삼 형제, 그 막내는 유배 간다 하고, 김대권 등이라 하니, 그 나머지는 성도 이름도 모르는 사람들입니다.

여덟 사람은 다 주님을 배반하여 그중에 목숨을 건질 이도 있다하나, 만일 그렇게 해서도 죽게 되면 얼마나 불쌍하겠습니까?

저렇게 주님을 위해 목숨 바칠 사람들은 평상시에 기도와 덕행이 어떠했겠습니까마는, 그들은 목숨을 바쳐 죽는다 하는데, 저 같은 것은 무슨 공로가 있어서 이렇게 있어야만 되는가요.

아직은 모르니 죽음을 잘 맞기 전은 장담을 못 하겠습니다. 아직까지는 이 세상에서 주님 은총을 받은 이가 저 하나인 듯합니다. 온몸이 다 입이라도 어찌 이루 감사할 수 있겠습니까. 여러 교우님들은 저를 대신하여 주님께 감사드려 주십시오.

두어 장 쓴 편지를 모두 윤영득에게 맡기고, 제 부시쌈지를 맡겼습니다. 주님, 이것을 제 가족들이 받을 수 있도록 해주시옵소서.

가슴속에 쌓인 말은 많지만, 틈도 없고 부끄러워 다 쓰지 못합니다. 아무쪼록 영원한 하늘나라에서 만나기를 바라옵니다.

2. 추신(追伸)

19일 다시 영장(營將) 앞에 불려 나가 내 결안(結案)에 다시 서명을 하니 목에는 칼을 씌우고 발에 쇠고랑을 채워 옥에 도로 가두고, 상감께 다시 한번 장계(狀啓)를 올렸습니다. 나는 물론 마음속으로는 행복하였으나 육체적으로 정신적으로는 기진맥진하여 놀란 마음을 가라앉히기가 힘들었습니다. 옥에 돌아와 몇몇 교우들과 이야기를 나누며 서로 위로하니, 그때부터는 첫째 천주의 은혜와 성모 마리아의 도우심으로, 둘째로는 함께 갇혀 있는 교우들의 도움을 받아 아무 새로운 불안을 느끼지 않고 그날그날을 보냅니다. 결말이 어떻게 나려는 지는 아직 모릅니다. 천주께서 나를 저버리실 수가 있겠습니까. 나는 끊임없이 천주께 기도하지만 천주께서 내 기도를 들어주시려는지요. 나는 희망을 가질 수밖에 없으며, 이래서 바라고 또 바랍니다.

왕의 결정적인 회답을 기다리며 갇혀 있던 옥중에서 (李景彦) 바오로는 이 밖에도 편지를 여러 장 썼는데 그것을 신자들이 경건(소중)하게 보존하였다. 이 편지들은 그의 누님 (李順伊) 루갈다가 쓴 편지와 같이 이 사기(史記)에 소개할 가치가 있는 것이다. 이 편지들에서는 생활화한 신덕과 굳은 덕망(望德)과 영웅적인 겸손과 하느님의 뜻에 대한 사랑 가득한 복종의 말투를 발견하게 된다. 첫 번 것은 어머니와 다른 식구들에게 공동으로 보낸 편지이다.

3. 이경언 바오로가 어머니와 가족에게 보낸 편지

어머니, 누님, 형님, 형수님 그리고 아내에게 드립니다. 집을 떠난 후 붙잡힐 때까지 13년 동안에 두 번밖에는 가서 문안을 드리지 못했습니다. 이것은 저로서 큰 불효입니다. 36년 동안 저는 크고 작은 허물없이 지낸 날이 없었으며 효도의 본분을 어기기만 했는데, 오늘 뜻밖에도 천주께서 비상한 특은으로 죄악이 가득한 이 사람을 영생(永生)의 신락(福樂)으로 부르십니다. 이것이 부끄럽고 가슴 떨리는 일이기는 합니다마는 그분의 거룩하신 뜻에 순종 아니 할 수가 있겠습니까.

놓치기에는 너무나 아까운 기회입니다. 그래서 저는 천주를 위하여 목숨을 바치기로 결심했습니다. 그러나 겁이 나는 것은 제 구원의 일로 보아 30여 년이나 되는 세월을 허송한 것입니다. 그 나머지는 별로 무섭지 않습니다. 지금도 저는 열심하지 않고 통회(痛悔)도 없고 완전한 애덕(愛德)도 없습니다. 그러나 오직 천주와 성모 마리아의 끝없는 인자하심만을 믿고 있으니 저를 저버리실 수가 있겠습니까. 천주께 그분의 모든 은혜를 감사하여 주십시오.

누님, 어떻게 지내십니까. 나 같은 동생에게서 누님은 사실 아무런 우애(友愛)의 표시도 얻어 보지 못하셨지요. 이제는 누님과도 영이별이군요. 이 세상에서는 다시 뵙지 못하게 되겠습니다. 그러니까 덕을 닦고 공을 많이 세워서 천주 대전에서 영원히 같이 즐길 수 있도록 하십시오. 나는 이제 어머니께 대한 아들의 본분이나 누님께 대한 동생의 본분을 채울 길이 없겠으니, 우리 마음과 기도와 노력을 합하는 것만으로라도 영원한 복락 가운데에서 서로 만날 수 있도록 하시기 바랍니다.

사랑하는 형님께는 무슨 말을 할까요. 형님같이 착하고 덕이 많은 분이 쓸모없는 동생 때문에 얼마나 마음이 아프시겠습니까. 형님은 무엇보다도 구원을 먼저 생각하시기를 간절히 부탁드립니다. 조약돌에서 튀기는 불꽃같이 빨리 지나가는 이 세월을 긴 것으로 생각하지 마십시오. 어머님의 노후를 정성껏 보살펴주십시오. 그리고 어머니와 형제자매 등 온 집안이 영원한 나라에서 한데 모여 우리의 공변된 아버지의 은혜를 찬양할 수 있다면 얼마나 영광스럽겠습니까. 저와 같이 큰 죄인이요 악인(惡人)에게도 천주께서 이렇듯 큰 특은을 내려 주시니 본성이 착하고 바른 형님께서야 조금만 힘을 쓰신다 해도 버림을 받지 않으실 것입니다. 그러니 근실히 닦아 선종(善終)의 은총을 받으실 수 있도록 힘쓰십시오. 저는 형님께 걱정만 끼쳐 드렸으니 참으로 부끄럽습니다. 제가 죽은 다음에 제 아내와 두 자식은 아무 의지할 데가 없게 되니 형님 말고 그 누구에게 그들을 부탁할 수 있겠습니까. 지금도 짐이 무거우신 형님이 어찌 이 일을 감당하실 수 있겠습니까. 참으로 딱해서 가슴이 사뭇 메어집니다.

형수님, 안녕하십니까. 저를 길러주시고 품에 늘 안아 주시고 지금까지 그렇게도 제 걱정을 해주시고 제 처지를 안타까워하시던 형수님이 이 편지를 읽으시면 얼마나 마음이 아프시겠습니까. 그러나 천주께 은혜를 감사하십시오. 그 한량없으신 인자(仁慈)로 천주께서는 이 불쌍한 동생에게 십자가의 길로 예수를 먼발치로라도 따라갈 수 있는 은총을 주시려 하십니다. 순교하신 형님과 누님이 그들의 발자취를 따라갈 행복을 얻어주셨습니다. 다시 한번 말씀드리지만 천주께 감사를 드려주십시오. 한 가지 청을 드릴 것이 있는데 저의 이 마지막 청을 물리치지 마시기 바랍니다. 제 아들은 아무 짝에도 쓸데없는 아이 같지는 않아 보입니다. 그 아이를 아주 양자로 삼아 가르치셔서 사람다운 사람을 만들어 주십시오. 제 일생이 제게는 후회의 근원입니다. 형수님의 생각을 알아차리지 못한 적이 너무나 많았고, 말씀을 너무나 안 듣고 그 밖에도 말씀드리지 못할 일이 무척 많습니다. 이 모든 것을 용서하여 주시기 바랍니다. 우리 5남매 중 셋이 순교자입니다. 천주님으로부터 이보다 더 큰 은총을 바랄 수 있겠습니까. 다른 성인(聖人)들과 형님과 누님에게는 이런 것이 놀라운 일이 아닙니다. 그러나 저와 같은 사람에게는 이 얼마나 큰 특은입니까!

그리고 아내여, 나를 용서하고 또 용서하여 주시오. 나와 같은 나쁜 남편은 다시없으며 내가 당신에게 잘못한 것은 이루 글로 다 쓰지 못할 거요. 13년을 같이 사는 동안 나는 한시도 당신의 마음을 이해하지 못했고 그저 당신에게 근심 걱정만 끼쳤을 뿐이오. 이제 갑자기 죽음을 마주 대하게 되니 당신에게 무슨 말을 하리까. 이제 다시는 이 세상에서 같이 살지 못하게 되었소. 그러니 과거에 대한 약은 있을 수 없고 남느니 오직 회한(悔恨)뿐이오. 비록 내가 남편의 본분을 잘 채우지는 못했어도 천국에 올라가는 은혜를 얻게 되면 당신에게 착히 살고 착히 죽는 은혜를 얻어주기 위하여 전구(轉求)하겠고, 또 나 자신이 천주께서 당신에게 내려 주시기로 된 행복을 전하는 사자(使者)가 되어 당신에게 마주 와서 손을 이끌어 영복(永福)을 누리는 곳으로 인도하겠소.

간절히 부탁하니 모든 일에 천주 성의(聖意)를 따르고 지난 모든 일을 뉘우치고 이 세상을 일장춘몽(一場春夢)으로 알고 영원한 나라를 당신의 참 본향(本鄕)으로 여기시오. 아아, 나는 어떻게 이렇듯이 허무한 세상을 그리 중하게 여길 수가 있었던고. 며칠 후면 모든 것이 결말이 날 것 같소. 이제야 겨우 깨달았소마는 아무리 작은 일이라도 모두 천주의 성의(聖意)에 달렸고, 사람들이 계획하는 바는 허사에 지나지 않소. 그러나 뉘우침조차 아무 소용에도 닿지 않는 짓이오.

어머님은 아직 이 세상에 계십니다마는 얼마나 더 사실런지요. 이 세상에 낳아주신 어머님의 자식들이 하나씩 둘씩 순교의 길로 나아가는 것을 보고 기뻐하십시오. 그리고 진실한 통회를 발(發)하도록 힘쓰시고 선종(善終)하는 은총을 받도록 하십시오. 형남과 누님이 최후에 남기신 말씀은 정성과 효성이 가득 찬 것이었습니다. 제가 무슨 말씀을 여쭙더라도 그것을 익히 생각하시기 바랍니다. 저는 형수님도 잊지 않겠습니다. 잊지 않고 말고요. 제가 형제자매 중에 누구에게 무관심할 수 있겠습니까. 하지만 형수님이 저를 위해 당하신 수고와 들어주신 시중은 어머님의 수고와 시중 다음으로 으뜸가는

것이었습니다. 그리고 저도 어머님 다음으로는 형수님을 탁 믿고 의
지하였었습니다. 몇 해 전에 연풍(延豊)에 갔을 적에는 형수님을 뵙
지 못하고 돌아왔습니다. 그것이 만 번 후회가 됩니다마는 이제 와
서 어찌하겠습니까. 그러니 영원한 나라에서 다시 만나 뵙시다.

　내 아들딸아, 내가 주의 은혜로 너희들의 아버지가 되었다마는 내
죄가 중하기 때문에 본분을 타당히 지키지 못하게 되었고, 또 너희
들이 철도 들기 전에 내 생명의 줄이 끊어지게 되는구나. 너희들에
게 물려줄 덕도 없고 재산도 없으니 다만 몇 마디 말을 유언으로
남기고자 한다. 천주의 성의(聖意)를 충실히 따르고 어머니께 대해서
효도의 본분을 지키도록 하여라. 다른 모든 사람들에게 대해서도 공
손하고 사랑하는 마음을 가져라. 그래서 이 세상에서 착한 길을 따
르면 분명히 천국에 올라가게 될 것이다. 나는 불쌍한 죄인이니 이
런 말을 할 자격이 없다마는 그래도 나는 아버지니 아이들에게 착한
일을 하라고 격려하는 것이 내 본분이다. 또 옛 어른들의 이 지혜로
운 격언을 마음속 깊이 새겨 주기를 부탁한다. 즉 비록 가벼운 잘못
이라도 절대로 저지르지 말며, 또 아무리 하찮아 보이는 선(善)이라
도 항상 힘써 행하라는 것이다. 다른 분들에 대해서도 쓸 말이 많으
나 종이와 붓이 모자랄 뿐 아니라 또다시 혹독한 고문을 당하여 아
랫도리를 쓸 수가 없고, 20근도 더 되는 큰칼을 쓰고 있어 정신이
얼떨떨하고 팔이 떨린다. 그래서 더 글쓰기를 계속하지 못하겠다. 무
엇보다도 특히 착하게 살고 착하게 죽기를 힘쓰기 바란다. 천만번
부탁이다.

정해년(丁亥年) 5월 14일

죄인 李(景彦) 바오로

그 이튿날 (李景彦) 바오로는 아내에게 따로 편지 한 장을 썼는데 이 편지 서두에는 '정의 어머니에게'라고 쓰여 있다. 이것은 이 나라의 예의상 여인들은 자녀들 중 아무아무의 어머니라는 칭호로 불리게 되어 있는 까닭이다. 정의는 (李景彦) 바오로의 어린 아들의 이름이었다.

4. 이경언 바오로가 아내에게 보낸 편지

우리가 혼인한 후 13년 동안 우리는 둘이 단 하루도 편안한 날을 지내지 못하고 가지가지 곤경을 겪었소. 그러다가 갑자기 이별을 하여 이 세상에서 다시는 만나지 못하게 되었으니 천주의 성의(聖意)가 이루어지이다. 내 일평생의 행동과 수많은 죄를 생각해 볼 때에 당신에게 대하여 잘못한 모든 것을 특히 뉘우치오. 용서하여 주시오. 내가 죽은들 당신을 잊을 수가 있겠소. 이 세상에서 당신의 의지가 될 것으로는 정의와 그 누이동생이 남아 있으니 그 애들을 잘 기르고 가르쳐서 내 뒤를 따르게 하시오. 당신으로 말하면 만약에 모든 일에 천주 성의(聖意)에 복종하고 주님의 벗이 된다면 그것이 참된 행복이 아니겠소. 우리가 서로 이별한 뒤로 얼마나 많은 곤란을 당했겠소. 이런 생각이 들 적에는 가슴이 찍어 눌리오. 그러나 다음에는 천주와 성모 마리아를 생각하고 불안을 가라앉히오. 무엇보다도 모두 선종하도록 힘쓰기 바라오. 연풍(延豊)에서는 무슨 소식이 있었소. 아아, 어머님이 내 처지를 아시게 되면 어떻게 되실까. 나도 순교자가 된다면 어머님에게도 큰 영광이 될 것은 사실이지만, 인간의 본성을 어떻게 억제할 수가 있겠소. 이제는 당신을 아주 하직해야겠소. 이제는 종이도 없고 간수의 눈이 번쩍이니 당신에게 이 몇 줄 글을 써 보내기 위해서는 짧은 시간을 몰래 이용해야 되오. 이 편지를 집안에 두루 읽히기 바라오. 형님은 어떻게 지내시며 다시는 뵙지 못하게 된 형수님은 어떻게 계시는지. 내 희망은 우리가 천국에서 다시 만나 함께 즐기는 것이오.

내가 여기서 죽을는지 혹은 서울에 가서 죽게 되는지는 알지 못하오. 만일 여기서 죽게 된다면 누님과 같은 장소에서 순교의 영광을 받게 될 터이니 얼마나 큰 은혜겠소! 천국의 천사(天使) 성인(聖人)들과 전세계의 모든 교우들이여, 나를 위하여 천주께 감사하여 주십시오. 환경 하나하나가 모두 내 사랑하는 누님 순교자의 편지 사연을 회상케 해 주는데 내 일생에 누님만큼 천주를 사랑하지 못한 것이 한이 되오. 이제는 천주를 사랑하기 시작하고 싶지마는 이미 늦었으니 어쩌겠소. 그 생각을 하면 마음이 조이는 느낌이오. 그러나 한편으로 내 죄가 무수하다면 또 한편으로는 천주의 자비도 끝이 없으니 이것이 내 오직 하나의 희망이오. 내 힘만 가지고는 한순간이라도 꿋꿋이 견디지 못했을 거요. 참말이지 모든 일에 있어서 우리 힘은 아무것도 아니고 천주의 보호하심이 모든 것을 이룬다는 것을 지금이야말로 그 어느 때보다도 인정하오.

박해의 그 악한 바람이 좀 자거든, 와서 내 물건들을 찾아다가 아들에게 갖다 주시오. 두 아이들에게 세례를 다시 주게 하오. 그 애들이 받은 세례가 확실치 않소. 내가 빚이 좀 있고, 주문받은 것을 다 마치지 못한 것도 있는데 거기 대해서 내가 느끼는 것을 말로는 다 할 수가 없소. 다만 천주께서 그것을 용서하여 주시기를 바랄 뿐이오. 그러나 당신은 이 모든 것을 힘을 다하여 갚도록 하시오.

어머님께는 따로 상서(上書)할 수가 없으니 이 편지를 베껴서 보내드리도록 하오. 당신도 이 세상에서 살날이 많이 남지 않았고, 영원한 복락이 가까웠소. 그러나 너무 슬퍼하지 말아요. 그리고 주님 대전에서 영원히 다시 만납시다. 나를 출두시키라고 명령하는 소리가 들리오. 그러면 여기서 붓을 놓겠소.

5월 15일
남편 李(景彦) 바오로

끝으로 죽기 며칠 전에 (李景彦) 바오로는 마지막으로 명도회(明道會) 회원들에게 편지 한 장을 보냈는데 이 명도회(明道會)라는 것은 천주교 전교활동을 위한 단체로서 (李景彦) 바오로는 그 중요한 회원 중의 하나였고, 어쩌면 지도자 중의 한 사람이었는지 모른다. 이 신심회(信心會)는 처음에는 중국에서 창립되었던 것을 우리가 이미 본 바와 같이 주(周文謨) 신부(神父)가 조선에 도입(導入)한 것인데, 회원들에게 신자와 외교인들을 가르칠 수 있도록 준비를 시키고 그들을 격려하는 것이 목적이었다. 이 편지는 이러하다.

5. 이경언 바오로가 명도회 회원들에게 보낸 편지

36년이나 세월을 허송하고 아무 공도 세우지 못한 나 중죄인(重罪人)은 천주와 동정 성모 마리아께 버림을 받아 마땅하였습니다. 그런데 오늘 특별한 홍은(鴻恩)으로 부름을 받았으니 이것은 나를 우리 회에 받아들이신 다음 그 가장 큰 은총을 쏟아 주시는 우리의 대주보(大主保), 죄 없이 모태에 잉태하신 성모 마리아의 은혜임을 의심치 않는 바입니다. 모든 회원들의 열성과 공로가 얼마나 큰 것입니까! 나 자신과 내 부당한 것을 부끄러워하는 나로서는 내 죄가 천지간에 용납될 수 없을 만큼 큰 것을 생각하고 입회할 수 있으리라고는 생각하지 못했습니다. '내가 어떻게 저분들과 한데 섞일 수가 있겠는가' 하고 생각했던 것입니다. 뜻밖에 신앙을 위하여 옥에 갇히고 보니 바로 이것으로 성모 마리아의 뜻이 밝히 드러난 것같이 느껴집니다. 공과 덕이 그렇게도 많은 다른 회원들은 성모께서 옥을 거치지 않게 하시고도 목적하는 바에 이르게 하실 수가 있을 것입니다. 그러나 나 같은 죄인에게는 다른 방법이 없음을 착하신 어머니께서 아셨습니다. 회원 여러분, 나를 위하여 성모님께 감사하여 주십시오.

내가 천만뜻밖에 잡혔으므로 여러분들은 놀라시고 또 몹시 걱정하셨을 것입니다. 나로 말하면 여러분 한 사람 한 사람과 어떤 생각으로 항상 연결되어 있는지를 표현할 길이 없습니다. 나는 여러분들이 많은 열성을 가지고 일하신다는 것을 잘 압니다. 그러나 한마디만 하게 해주십시오. 여러분은 우리나라에 우리 주 예수 그리스도의 참 교(敎)가 어떻게 자라났나 하는 내력을 알고 계시지요. 오랜 세월을 두고 끊임없이 노력한 후 천주 섭리의 특별한 배려로 조그마한 집 한 채를 짓고 몇몇 식구를 모아놓기에 이르렀던 것입니다. 그런 다음 천후가 좋지 못하여 모진 비바람으로 인해서 그 집이 거의 쓰러지게 된 형편입니다. 이것을 생각하면 숨이 탁탁 막힙니다. 그렇지마는 착하신 성모님의 보호하심으로 이 집이 보존되리라고 믿으며 또 그렇게 되기를 바라고 있습니다. 간절히 기도하고 또 기도하십시오.

여러분들이 내 집에 가시면 내가 지난달에 무엇을 했는지 상세히 아실 수 있을 것입니다. 그러나 이달에 우리가 모이는 날이 되면 이제는 여러분들과 영영 갈리어 있기 때문에 고통이 배로 더합니다. 뿐만 아니라 내가 살아남는다 하여도 회를 위하여 큰 이익은 없을 것입니다. 그러하지만 여러분이 모이실 적에는 내가 빠짐으로 해서 좀 쓸쓸하고 섭섭한 느낌이 드시리라는 것을 잘 압니다. 그러나 여러분은 차라리 마음과 힘을 합하여 이 막중한 은혜를 천주께 감사하여 주십시오. 나는 회원 한 분 한 분을 생각합니다. 여러분의 얼굴을 보는 것 같기까지 합니다. 여러분은 제발 내가 방금 말한 작은 집을 모든 노력을 기울여 보존하시고 어김없이 천주의 큰집에 이르도록 하여 다 같이 즐기도록 하십시다.

두 회장(會長)님들은 안녕하신지요. 각지의 회장(會長)님들도 별고 없으십니까. 내가 여러분에 대하여 관심이 있기 때문에 근심을 완전히 놓을 수가 없습니다. 얼마나 고생을 사서 하십니까. 만약에 서울의 사태가 아주 조용해지면 그 조그만 집과 얼마 안 되는 그 식구들을 보전하도록 힘쓰시기 바랍니다. 천주교가 번성하도록 노력을 하십시오. 여기서 교우를 2백 명 이상이나 보았지만 꿋꿋하게 견딘 사람은 얼마 안 되고 거의 모두가 넘어갔습니다. 천주의 은혜로 몇몇은 다시 목숨을 이어갈 것으로 생각하는데 이 역시 교형(敎兄)들이 전구(轉求)하여 주신 덕택이 아닌가 합니다.

나의 벗 (玄錫文) 가롤로, 어머니는 어떠십니까. 참말이지 우리들의 우정은 보통 우정을 멀리 초월하는 것이었습니다. 형이 아니면 아무도 내 결점을 말해 주는 사람이 없었을 것이니, 지금 곰곰이 생각하면 참으로 형은 내 보물이었습니다. 사랑하는 벗이여, 내 청을 받아들여 내 아내와 아이들을 보살펴 주기 바랍니다. 내가 부탁하면 신의를 저버리지 않을 사람들이 또 있기는 하지마는, 나의 벗인 형이 누구보다도 내 생각하는 바를 모두 알고 있으며 죽어 가는 사람의 말을 잊지 않을 것입니다. 세월은 빨리 흘러 내가 붙잡힌 지 벌써 달포가 지났습니다. 괴로움으로 말하면 나 자신은 그것을 견디어 낼 수가 없고 너무도 연약한 육체가 그것을 이겨내지를 못할 것이니, 천주의 은총과 성모의 도우심이 아니면 어찌 한시인들 견딜 수가 있겠습니까. 서울과 지방 교우들에게 진 빚을 갚지 못했고, 또 내가 받은 은혜를 감사하지 못한 것을 생각하니 마음이 괴롭습니다. 이제는 천주께 간구하여 그것을 탕감해 주시기를 바라는 길밖에 없습니다.

여러분에게 다시 한번 말씀드리고 또 내 말을 들으시기를 간절히 바라마지 않습니다마는, 이 세상은 참으로 한순간에 지나지 않으니 선종(善終)을 얻기 위하여 온갖 노력을 다하고 모든 방법을 쓰십시오. 내 많은 죄가 하늘에까지 올라갑니다. 그러나 천주께서 이제까지 내게 무수한 은혜를 내려 주신 것으로 보아 분명히 나를 저버리고자 하시지는 않으십니다. 내가 먼저 천국에 올라갈 수 있게 되면 어느 분이든지 이 큰집에 오실 적에 풍악을 갖추어 가지고 마중 나가 우리 공변된 아버지께로 같이 올라가 그분을 찬미하고 즐길 것입니다. 아직도 할 말이 천만 가지 있습니다만 그것을 종이에 쓸 수가 없습니다. 지나가는 이 세상에서 육신과 영혼을 고이 간직하도록 조심하십시오. 그러면 영세(永世)에서 우리들의 마음을 온전히 알게 될 것입니다.

정해년(丁亥年) 5월 25일
李(景彦) 바오로 드림

제 3 장
옥중편지 원문의 영인본

    본 장의 원문 영인본은 본서의 1장 ⑪「이루갈다『옥중서간』에 대하여(pp.22-27)」 자세히 언급한대로 순교자 김종륜(루카)(1868년 무진년에 울산 장대에서 순교함)의 수택본으로 그의 손자 김병옥(요한)씨가 1965년에 「부산 오륜대 한국 순교자 기념관」에 기증한 것입니다.

• 순교자 김종륜(루카)의 수택본 원문 •

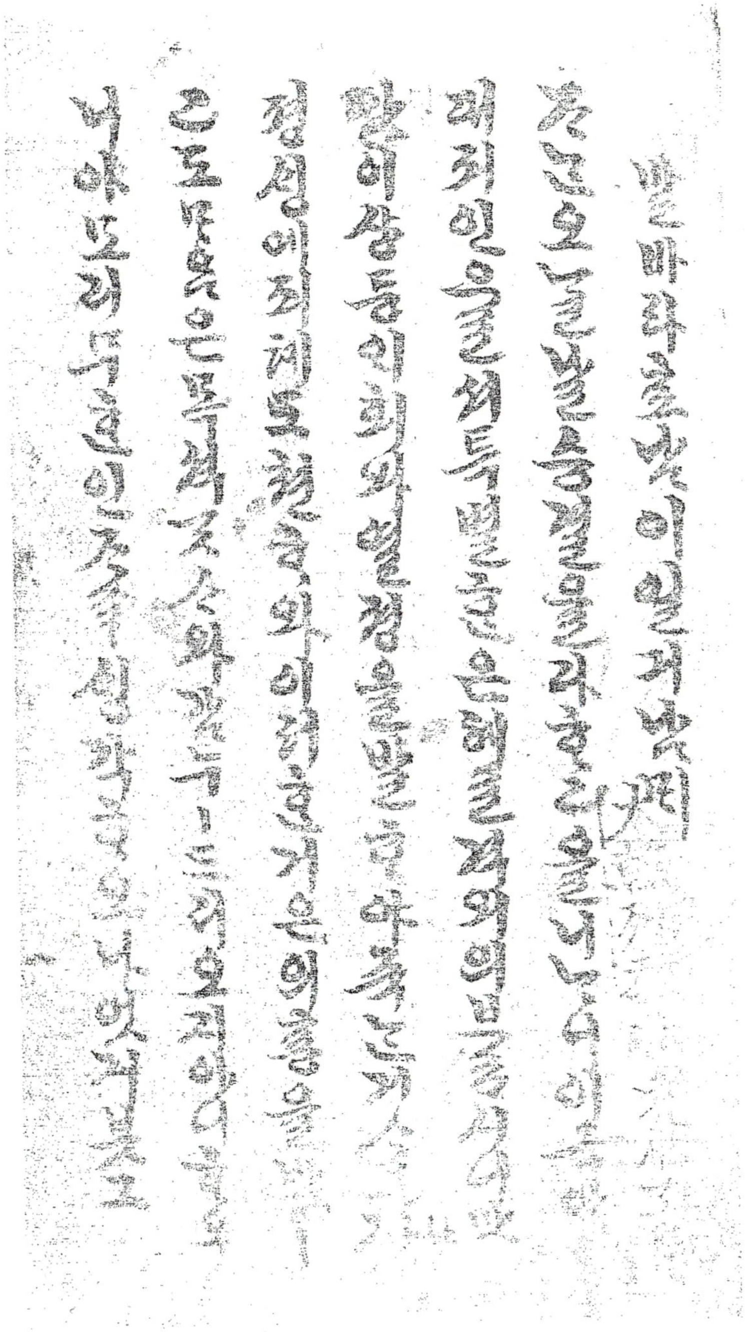

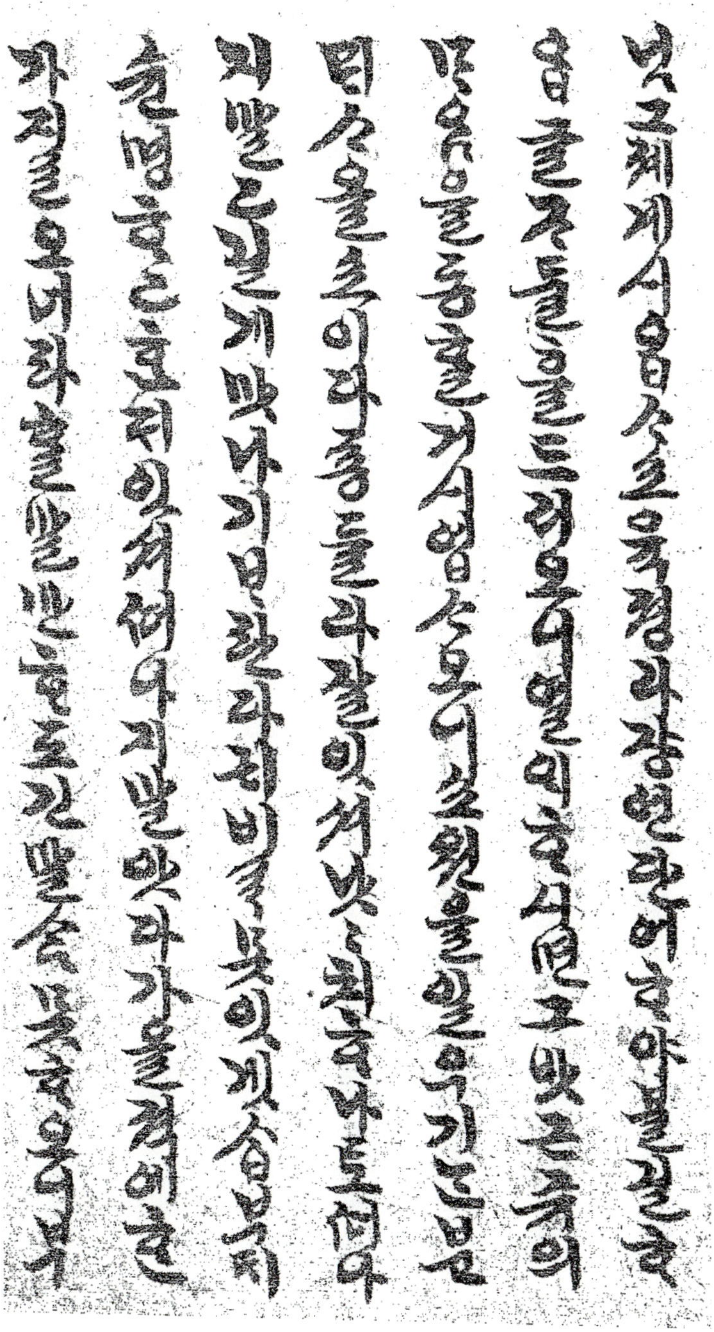

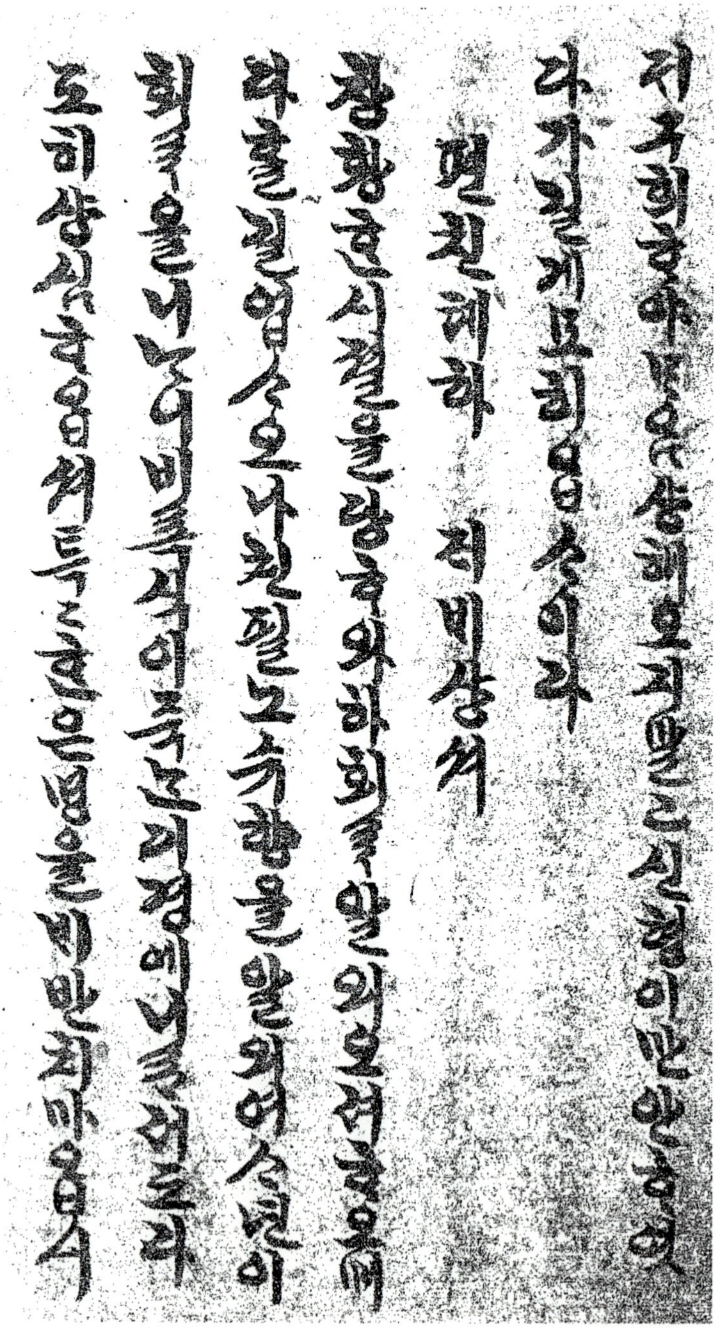

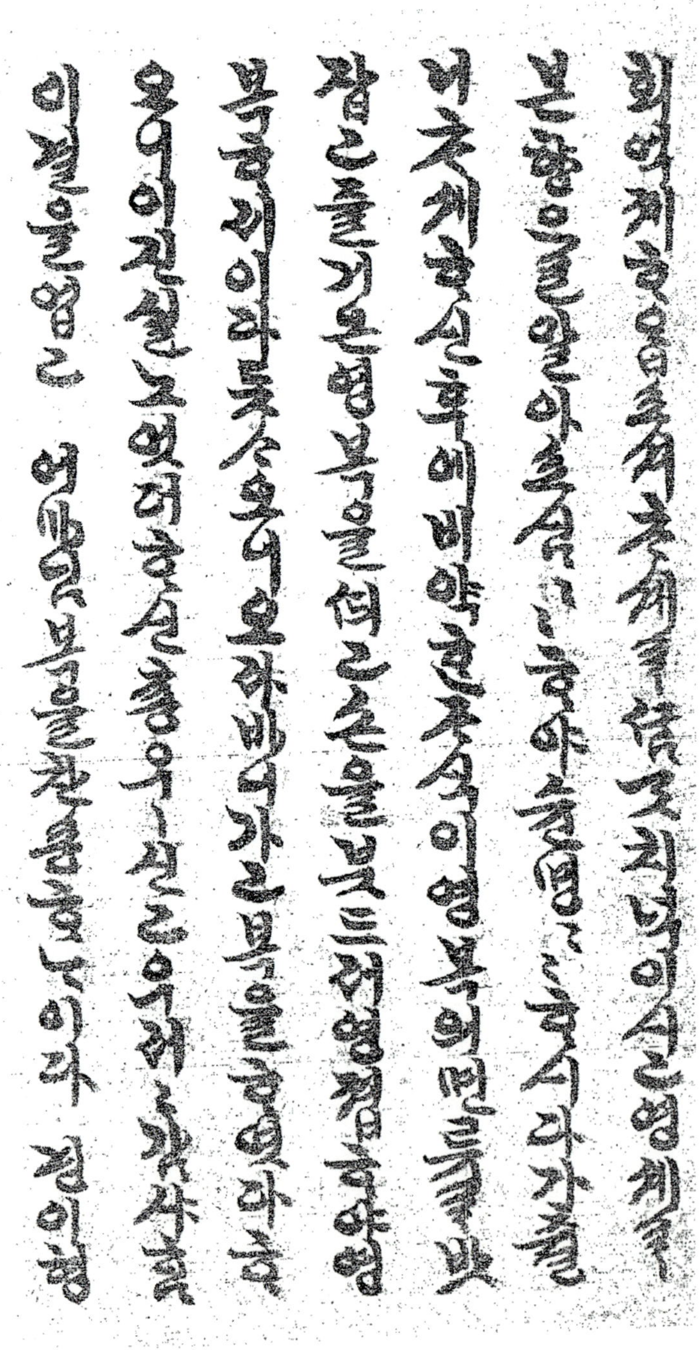

대와졍녀졍데를의라글아우리라셔뗼셩갓지딸

으로셔 흥추리울아뜨듀글수이라져라가라가딸

져뻐스음 프녀 상녀스면에이리졍의의뒤스면회짜

론뻐져뭇후오이빨두련졍이야오 주흐음 빠뉘쥭

평이하우러를 추셧 도 뼈인알 앗셧 도 뼈인이우역딱

 느거시물의스손엘이우 디 아 맨면 복빵아읍 ㅕ

 관회여졔 울엄 추셰 멍졔여 프뎌지졍 울 왕시야덤의

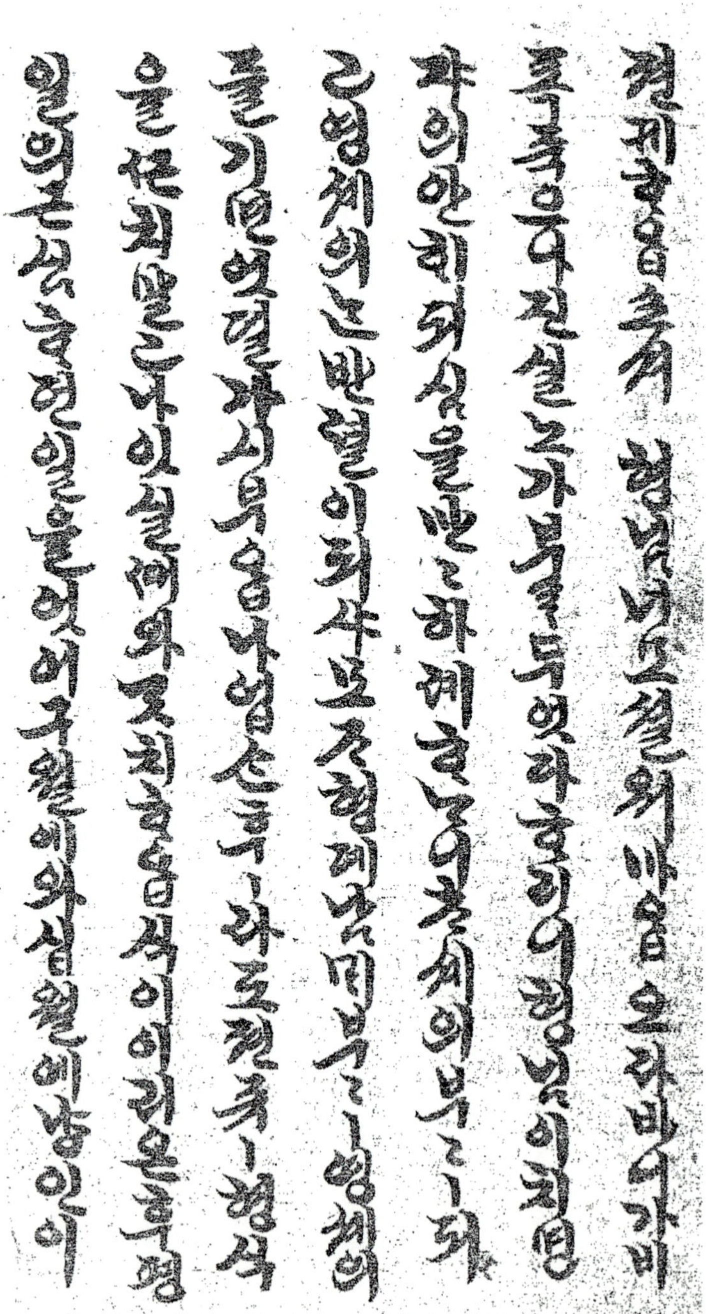

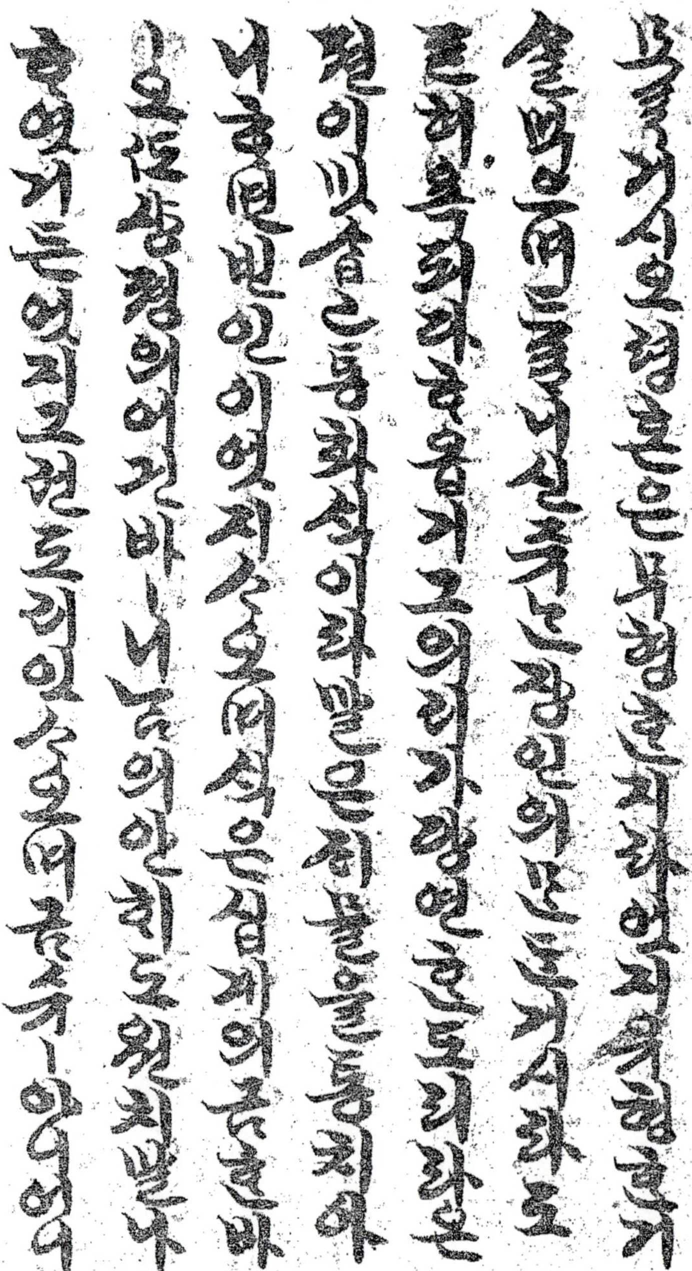

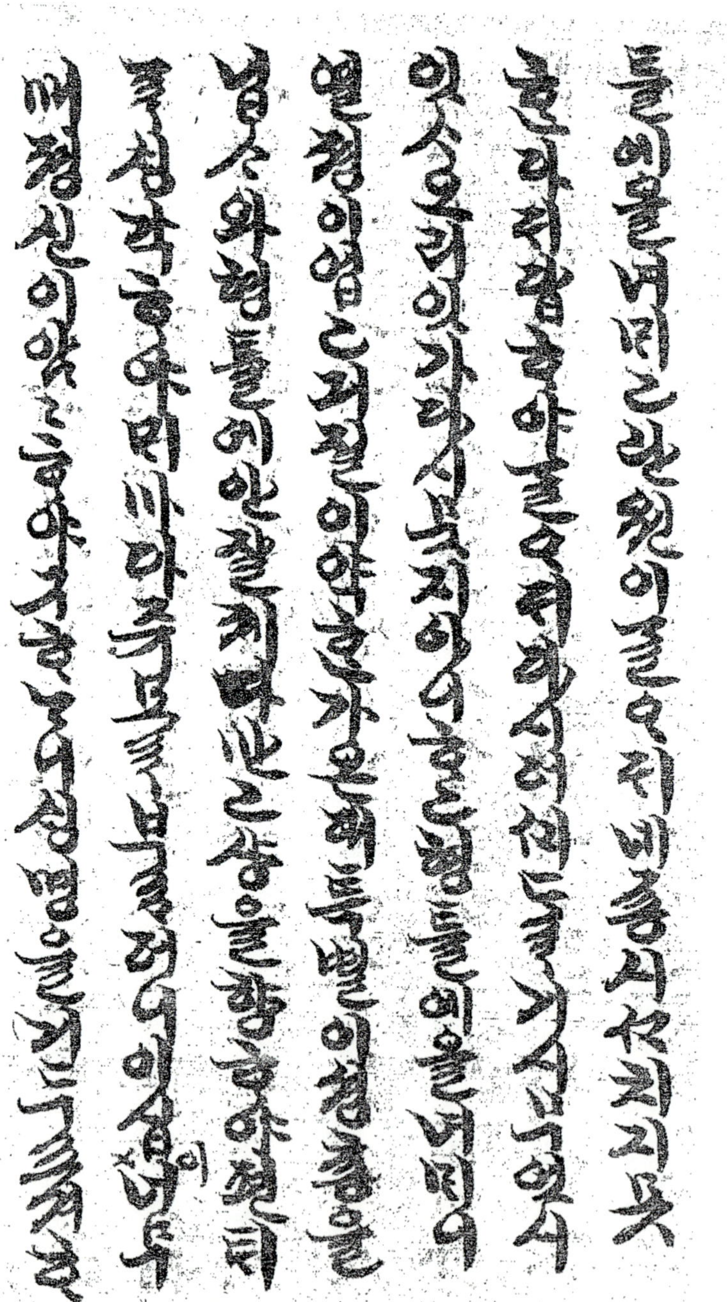

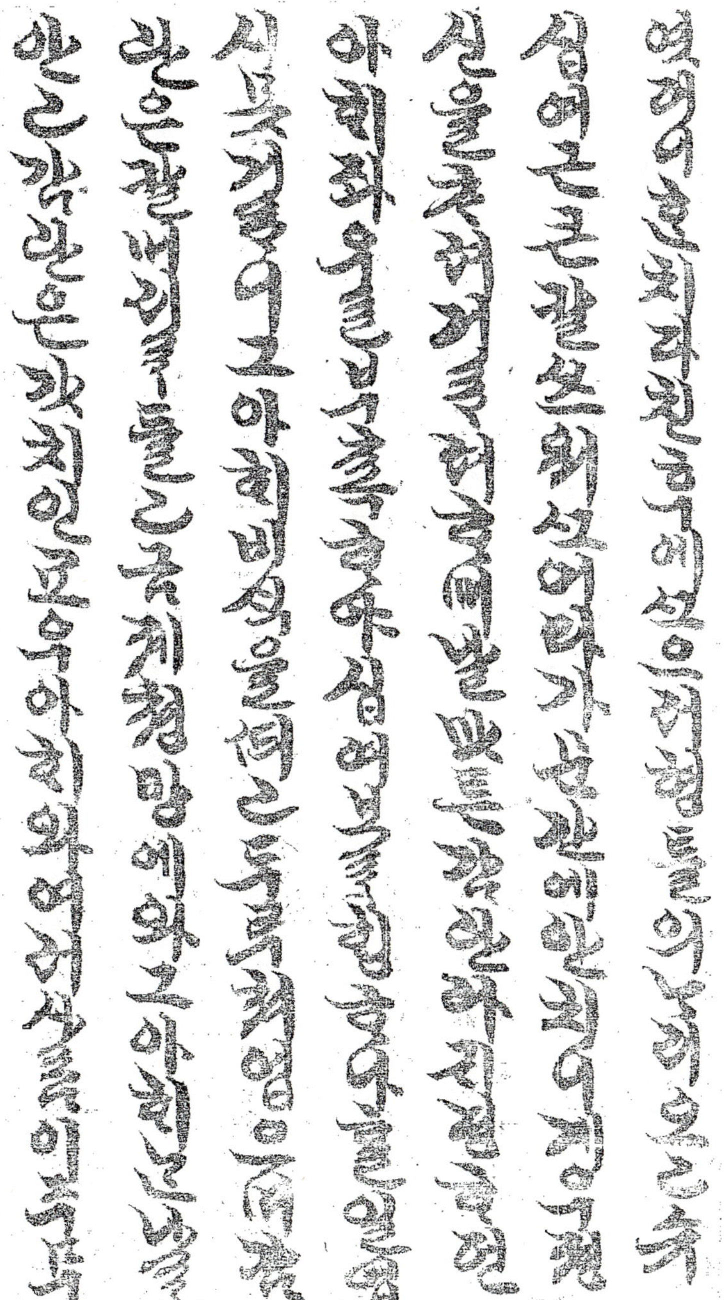

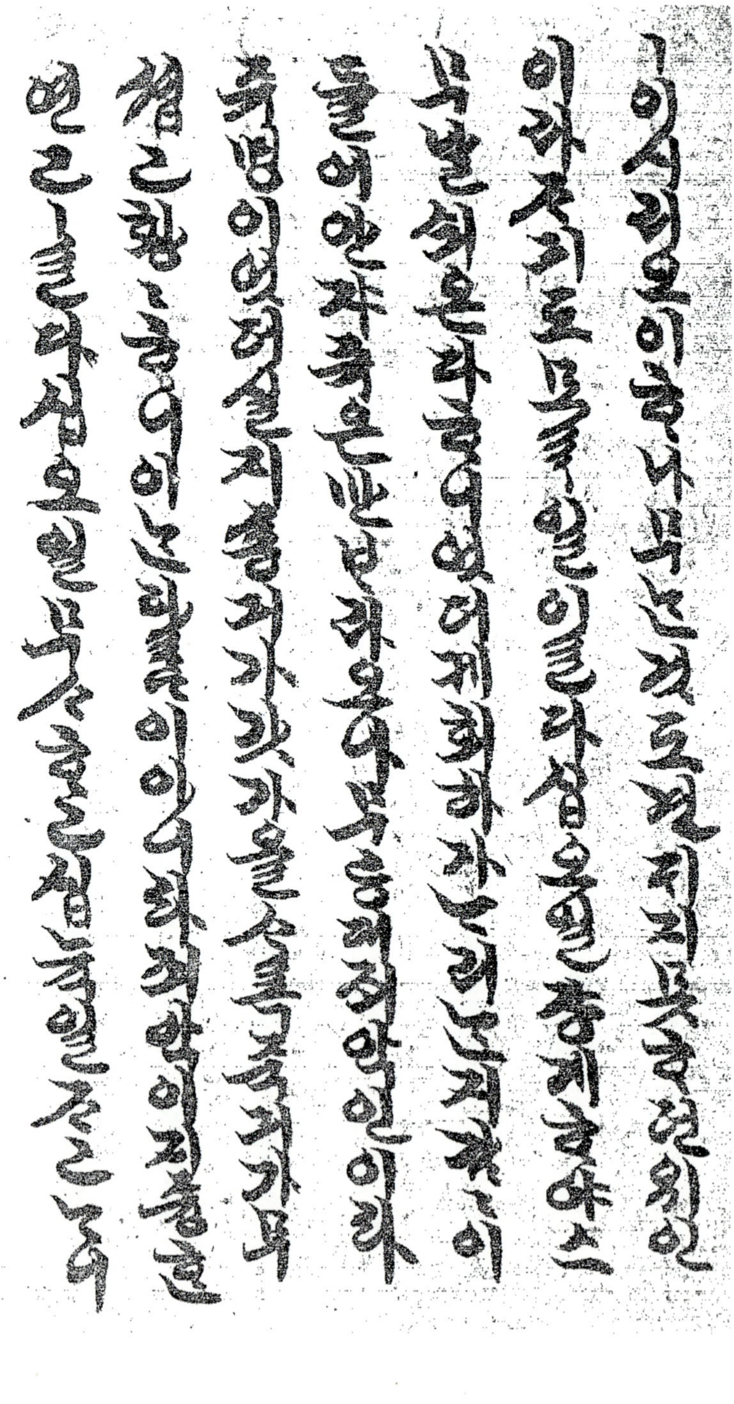

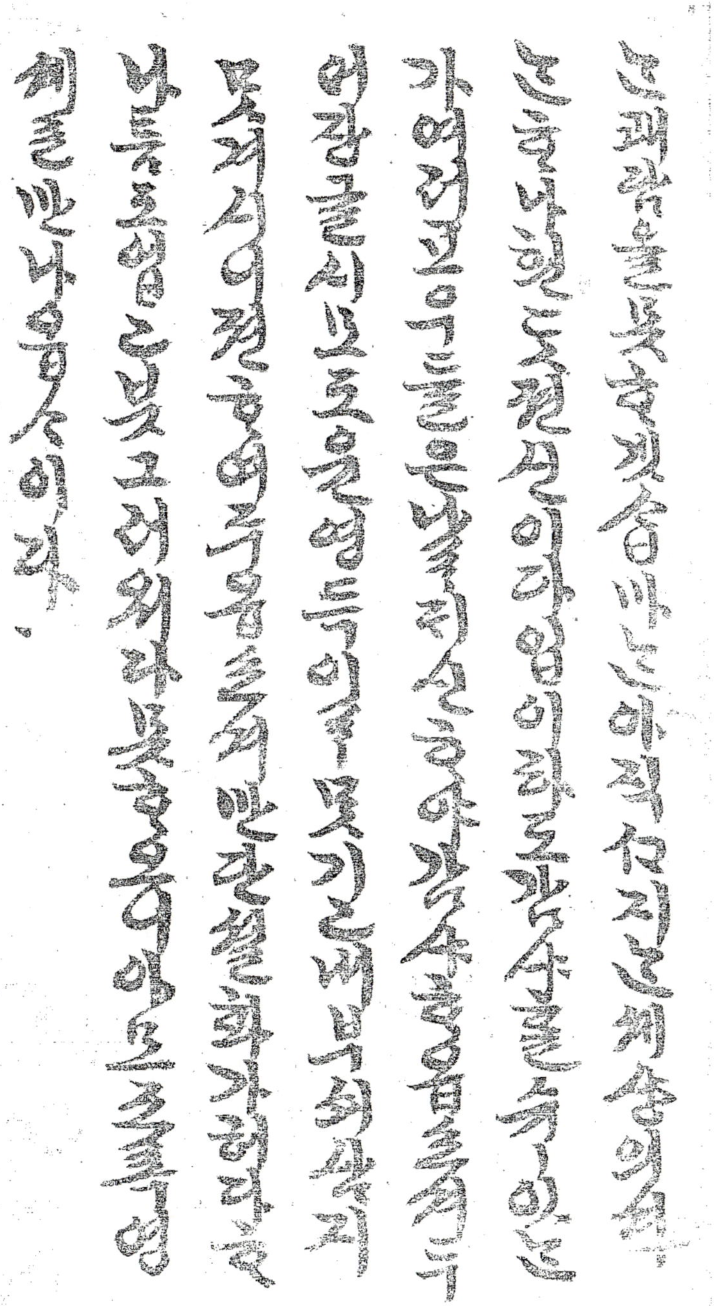

김 옥 희

한국순교복자수녀회 수녀(現)
서울대학교 대학원 역사학 석사
프랑스 파리 소르본느 (Paris Sorbonne) 대학교 사학 박사
부산여자대학교 교수 역임
부산대학교 강사 역임
수원대학교 사학과 교수 역임
선문대학교 역사학과 교수, 도서관장, 인문대 학장 역임
오륜대 한국순교자기념관 관장(現)
한국 가톨릭 문화 연구소 소장(現)

※ 주요 논문
「西學의 受容과 그 意識構造」, 1973
「Le Role Yi Pyok dans L'introduction et La Diffusion du Catholicism en Corée」, Université de Paris Sorbonne, 1977
「다산의 중용주해서에 나타난 서학사상」, 가톨릭출판사, 1979
「상징학적으로 본 曠菴 李檗의 『聖敎要旨』 構造에 관한 硏究」, 1979. 6
「이순이 누갈다의 옥중서신과 그 史的 意義」, 1982
「조선교구의 활동」, 1983
「柳閑堂 權씨의 『언행실록』에 관한 연구」, 1984
「한국 천주교 박해시대 교우촌에 관한 史的 考察」(1,2,3), 1986-1987
「조선후기 천주교 부녀자들의 '담회'활동에 관한 고찰」, 1985
「다산의 『심경밀험』 에 나타난 심성론에 관한 고찰」, 1988

※ 주요저서

『曠庵 李檗의 서학 사상』, 가톨릭출판사, 1979

『제주도 신축년 교난사』, 제주교구 발행, 1980

『한국천주교여성사』, (1,2), 1983

『최양업 신부와 교우촌』, 청주교구 발행, 1980

『한국천주교사상사』, (1,2), 도서출판 순교의 맥 발행

『한국교회사론. 저해제집』 도서출판 순교의 맥 발행

『최양업 신부님의 삶과 죽음의 노래집』

『영혼의 빛』, 도서출판 순교의 맥, 편저

『103위 성인전』, 도서출판 순교의 맥 발행

『무명의 순교자와 증거자』, 도서출판 순교의 맥, 세훈출판사

『가톨릭 문화 문고 1-10』, 1984

『마리아의 책』, 1984

『한국 서학사상사 연구』, 국학자료원, 1998

『신유박해 순교자들』, 도서출판 보고사, 2001   외 다수

순교자 이순이 루갈다의 삶과 그 영성

• 초판 인쇄   2007년 8월 20일
• 초판 발행   2007년 8월 20일

• 지 은 이   김옥희
• 펴 낸 이   채종준
• 펴 낸 곳   한국학술정보㈜
            경기도 파주시 교하읍 문발리 526-2
            파주출판문화정보산업단지
            전화 031) 908-3181(대표) · 팩스 031) 908-3189
            홈페이지 http://www.kstudy.com
            e-mail(출판사업팀사업부) publish@kstudy.com
• 등   록   제일산115호(2000. 6. 19)
• 가   격   20,000원

ISBN   978-89-534-7141-2 93350 (Paper Book)
        978-89-534-7142-9 98350 (e-Book)